La vie est un défi !

Vis-la , sens,
aime,ris, pleure,
joue , gagne ,
perds, trébuche...
**Mais relève-toi
toujours et
avance**

SOMMAIRE

LES GRAINES DE MAIDAY

Introduction

MAIDAY

L'histoire de Maiday , a commencé le 22 mai 2024 ,quand on m'a annoncé un cancer du col de l'utérus ,
Ce jour là , mon monde s'est écroulé , les graines de la colère ont à nouveau germé .
La tumeur était entrain de faire remonter à la surface , toutes mes souffrances et les traumatismes du passé .
A 53 ans , je revivais mes pires cauchemars , comme si la vie , les stigmates intérieurs de mon corps voulaient que j'affronte, enfin ses douleurs enfouies et que je les regarde en face .

Je ravalais sans cesse, depuis tellement d'années , ma rage .Je la piétinais et je la faisais taire , en pensant qu'avec le temps , " le problème " se résoudrait tout seul . Mais la preuve que non ,des années plus tard , mon corps me lançait un SOS , et me signalait, que je devais enfin combattre , ce "démon intérieur " .
Je devais me libérer de mon fardeau , après l'avoir trop, longtemps , porté : humiliations , harcèlements , injures , gestes déplacés , agressions physiques et verbales …toutes ses injustices qui n'ont jamais obtenu réparations   .Il fallait se rendre à l'évidence , tout n'était pas réglé en moi .

Pourtant , je pensais avoir réussi à effacer ses souvenirs douloureux , en mettant en place des "stratégies de fuites " comme de raser les murs , fuir le regard des hommes , ne pas répliquer et croire être la seule responsable de ses coups durs de la vie .

Puis 5 ans plus tard , j'ai tenté une autre approche , pour relever la tête , en me rappelant que la victime s'était moi , J'ai appris à faire " amie " avec ma colère, à essayer de la comprendre et de la dompter . J'ai utilisé la méthode Ho'oponopono . J'ai trouvé certes plus de sérénité et faits des choix plus réfléchis dans ma vie, pour que le bonheur soit mon seul objectif .

20 ans ont passé , la colère est revenue encore plus forte . J'ai fini par vouloir exprimer cette rage . Je n'ai vu que mépris , fuite et refus , de mes adversaires de se remettre en questions . La dépression , l'envie de suicide sont venus polluer mon esprit .

J'ai continué à encaisser , à souffrir intérieurement . J'ai mis en place des techniques pour contrôler mes "démons de la colère " : la méditation , le développement personnel , la médecine douce , le sport . Le calme est revenu , avec une belle rencontre qui m'a permis de trouver la paix .

Jusqu'à ce que 13 ans plus tard , un rappel à l'ordre , une sorte de message de détresse , ses mots que je tentais d'oublier , de vainement enterrer , ce sont transformés en maux , avec l'annonce d'une tumeur de 5 cm , sur mes organes génitaux .Elle s'est installée progressivement et sournoisement , après avril 2017 , date de mon dernier frottis .
7 ANS plus tard , le couperet tombait , avec l'annonce d'un cancer de stade 2 .

Après le choc de la nouvelle ,je refusais de plier , de me laisser abattre .Je pris la résolution de faire face ,comme toujours et de relever la tête , ne surtout pas abandonner . Je me promis que ce jour de mai , je ne me laisserais pas atteindre par la fatalité . Je devais me réconcilier avec mon corps et cette tumeur .

Je suis partie en retraite de pleine conscience, dans un monastère ,des Sources Guérissantes à Verdelot pour réfléchir et trouver une solution pour accepter ce diagnostic . Durant ma retraite , une catastrophe naturelle a inondé le village . Ce fut une révélation , je devais écouter les messages de la nature , mes émotions et voir dans ce déluge , que l'eau coulait enfin sur mon visage , des larmes d'acceptation pour affronter ce cancer .
Mon corps appelait AU SECOURS .
Je devais me réconcilier avec mes traumatismes passés , ma colère et ce sentiment de punition divine ,Il fallait que je comprenne et me transforme, pour faire de cette nouvelle épreuve , quelque chose de beau ,de positif dans ma vie et dans celles d'autres femmes ,

C'est ainsi qu'est né ce livre ouvert , mon manuel de secours , où je souhaite pouvoir partager mon expérience , aider, accompagner , les femmes atteintes d'un cancer gynécologique , à faire grandir , un beau jardin de l'estime de soi , J'aimerais ainsi réveiller et embellir " votre fleur " intérieur .

C'est pour cela , que je vous partage à travers ses pages ma méthode MAIDAY, qui pourra , dans mes rêves les plus fou , vous réconforter et vous donner de la force . En tout cas , ses préceptes , m'ont permis après 30 radiothérapies , 14 chimiothérapies et des mois de traitements , de garder l'espoir et d'aller vers la rémission de mon cancer .

Mon parcours - Les enseignements MAIDAY

Après avoir " arraché les mauvaises herbes ", j'ai du apprendre à relativiser, à puiser dans mes ressources, à utiliser les enseignements d'années de travail sur moi.

J'ai toujours voulu comprendre la composition des cellules, des atomes …ce qui m'a guidé vers une formation scientifique, sans que ce soit mon choix. J'ai entamé 8 années d'étude scientifique, par des voies professionnels, pour décrocher en 2001, une licence en génie des procédés (option environnement). J'ai eu l'opportunité, par mes formations professionnelles, de faire des stages et des remplacements l'été, dans différents laboratoires (services des eaux, DSV, médicaux ,agroalimentaires dans l'industrie, de recherches sur les végétaux)

A partir de 2018, je me suis formée sur différentes techniques de développement personnel
-la naturopathie (homéopathie, aromathérapie, fleurs de Bach..)
-le coaching, la psycho généalogie
-l'art thérapie
-l'ayurveda

Ses enseignements m'ont apporté des bases solides pour évoluer vers la résilience. Je préparais sans le savoir : corps, esprit, mental à ce qui arriverait 7 ans plus tard.
Durant ses 2 ans, j'ai fait un travail sur moi, à soigner "mes plaies intérieurs ", à prendre de la distance, à relativiser, à tenter de me pardonner. Dans mon esprit se forgeait, une autre facette de ma personnalité.
Je me reconnectais à mes valeurs, mes besoins. Je dévorais les livres de développement personnel.

En 10/2019, je suis partie en Inde, avant l'apparition du Covid (12/2019 en Chine). Ce fut un formidable voyage intérieur, qui me guidait dans la recherche de mon chemin de vie. Je venais chercher des réponses pour comprendre les préceptes de l'Ayurveda. Cette médecine traditionnelle ancestrale, qui m'a permit de me réconcilier avec mes croyances. Selon moi, depuis l'enfance, mes convictions profondes sont que nous sommes tous issus du bigbang, des atomes des étoiles ,ce qui à créer, toutes choses et vie sur terre.
Ce qui m'a conduit, à comprendre que la recherche de l'équilibre repose sur les 5 éléments fondamentaux, base des préceptes de l'Ayurveda (éther ,air, feu ,terre, eau). Je comprenais à présent, ce lien très fort avec la nature, où je puise depuis tellement d'années de la force, de l'énergie et un bien être indispensable pour me ressourcer.

En 2020, en pleine crise Covid, je décidais de plaquer 20 ans de loyaux services dans une banque. Après avoir gravi difficilement les échelons, vers un poste de chargé de clientèle et de référente du marché de l'Assurance ,Je ne trouvais plus sens à mon métier, il s'éloignait de plus en plus de mes valeurs, à savoir privilégier l'humain au détriment de l'IA. L'évolution de ce métier consistait selon moi, à " nourrir la machine " via WATHSON, cela a fini par me ronger. Je n'étais plus en adéquation avec la politique du groupe et on me fit bien comprendre, que je devais adhérer ou partir. On me faisait savoir ,qu'on ne me laisserait pas démissionner si facilement et, entendre, que je ne serais pas selon eux, capable à 50 ans de tout quitter, pour un avenir incertain. J'ai décidé de monter un busines plan avec transition pro, pour assurer mes arrières durant 2 ans et voir, si j'étais capable de rebondir. J'en ai parlé à mon conjoint et liquidé mes dettes. J'ai pesé le pour et le contre.

En 10/2020, je donnais ma démission et ouvert mon auto entreprise de coaching ,afin d'accompagner les femmes, à retrouver confiance et estime de soi, se relever d'un AVC, d'un divorce, avancer vers un nouveau projet professionnel, à évoluer au sein de leur entreprise. Afin de me faire connaitre, je fis une formation de Community manager et j'ai participé à des salons du bien être. Tout naturellement, je découvrais un autre univers et de nouveaux horizon.

En 07/2022, je fis une retraite Yoga, par le biais de mes rencontres. La situation du Covid rendait difficile ma prospection, surtout que beaucoup de personnes avaient cette envie, de changer de voie. Le coaching devenait à la mode et mon cabinet à la campagne n'était pas propice aux développements de cette activité. J'arrivais bientôt aux termes de mes aides et je devais réfléchir à la suite. En 10/2022, je fermais mon auto entreprise.

Durant 2 ans, de 10/2022 à 04/2023 , j'ai occupé différents postes en CDD , à la recherche de ce que je pourrais faire, en dehors de l'accompagnement de personnes , jusqu'à mon recrutement comme développeuse de l'apprentissage ,dans un centre de formation, pour accompagner les jeunes par la voie de la formation en alternance (04/2023 -30/09/2024)

Le 4/08/2023 : je perdais mon père , sans que je puisse lui dire aurevoir .

Le 22/05/2024 : on m'annonça un cancer du col de l'utérus , avec une tumeur de 5 cm .

En 07/2024 , j'avais besoin de réfléchir aux options pour la suite de ma vie , incertaine de l'avenir . Au travail , la pression et l'ambiance toxique devenait ingérable . En 03/2024 , se miroitait un CDI après l'échéance de mon CDD le 30/09/2024 .

Le 13/08/2024 , j'étais au bord de l'épuisement , malgré mes alertes , je continuais à encaisser et à travailler . Je lançais des SOS à mon médecin , qui me disait de continuer , alors que je n'en pouvais plus , physiquement et moralement . Je pris contact avec la médecine du travail . Un arrêt de travail fut mis en place pour 3 mois . Avec l'annonce de mon cancer , j'apprenais quelques jours plus tard , le non renouvellement de mon contrat , Il a fallu relever la tête ,encaisser cette mauvaise nouvelle et ne pas sombrer . La colère prenait toute la place en moi , sans cri , sans larmes .

Du 18/09/2024 au 10/02/2025, j'ai enchainé les traitements avec au total 30 radiothérapies et 14 chimiothérapies .

Puis la délivrance , on m'annonça le 11/02/2025 , après un nouveau PET SCAN , être sur la voie de la guérison , ma tumeur avait atteint l'épaisseur de 9 mm .

Je décidais   le 13/02/2025 d' écrire un manuel ,pour partager mon expérience et les moyens ,que j'ai mis en place, durant le parcours de soin, pour me battre contre " mon adversaire " , le cancer .

Je ne voulais pas oublier le mantra et cette citation qui me suit depuis 2018 :

"Tout ce qui ne me tue pas me rend plus fort "

- FRIEDRICH NIETZE

Le 22 mai 2024 - Maiday :   CANCER
Sans aucune pincette , le verdict est amer
Le 18 septembre , le traitement nucléaire
commence , les 1er effets secondaires et des émotions ascensionnelles

Je vais me battre contre cet adversaire
Et ne pas me décourager , malgré une perspective mortuaire
Brulures , troubles intestinaux sévères
L'envie de mourir est crépusculaire : Mon utérus se désespère

La chimiothérapie , la radiothérapie opèrent
Je m'épuise et devient sédentaire
Fini un espoir de carrière
Tout devient chimère .

Les jours , les semaines se suivent sans mystères
Les prises de sang montrent un déficit lymphocytaire
Je deviens l'ombre d'un lampadaire
Je suis atteinte dans ma chair

Je me plie et passe mes jours à vider mes viscères
Je supplie un barreur de feu d'abréger
Mes jours éphémères
Je me bats à rester dans ce rocking chair

J'observe le soleil à travers la porte fenêtre, à attendre la fin de cette galère
Le 14 novembre , la 1ere partie du traitement arrive à terme -je digère
Après 30 radiothérapies et 8 chimio , de transport hebdomadaire
Plus de commentaires

Je dois attendre le 10 décembre pour apprendre la nouvelle mortifère
Un colloque d'octobre rose a donné un bilan des traitements salutaires
Pour limiter la propagation des tumeurs cellulaires
Une recommandation de 6 séances de taxol avec chute capillaire

Le 6 janvier 2025 est programmé à nouveau la pose d'un cathéter
6 semaines de chimio complémentaire
Le résultat tombe le 11 février pour une annonce ou pas spectaculaire
Mon cancer a régressé bonne nouvelle , pause dans 6 mois , j'espère .

Emmanuelle - 11/02/2024

HO'OPONOPONO

Originaire d'Hawai , cette méthode qui signifie " Ho'o " , action et "Pono" , bonté , bienveillance , permet de vivre en harmonie avec soi-même et les autres .
Morrnah Nalamaku Simeono , dans les années 1976 , modernisa cette tradition ancestrale , transmis par voie orale de génération en génération , afin de la rendre accessible aux plus grands nombres , afin d'atteindre une pensée juste , harmonieuse et de paix .

En Polynésie , on considère , que les erreurs commises dans le passé , peuvent être la cause de maladie .Et , que pour se délivrer de ce problème ,cela nécessite de se reconnecter avec soi même , avec l'autosuggestion.

Aldous Huxley , disait d'ailleurs " Le seul lieu de l'univers que nous pouvons changer , c'est nous même "

En étant :
- DESOLE : nous prenons conscience des actions qui nous ont conduit vers cette difficulté

En demandant :
- PARDON : nous mous pardonnons à vous même de ne pas avoir agit plus tôt

En disant :
- MERCI : nous avons de la gratitude envers la vie et nous mêmes pour avoir supporter ce problème et de nous donner à présent les moyens de corriger cet état de fait .

En déclarant :
- JE T'AIME : nous nous autorisons à changer le processus et à prendre soin de nous et des autres .

Avec ses 4 mots , cela permet de se réconcilier avec soi même , pour passer à l'action . Nous nous responsabilisons face à nos erreurs passés .Nous les acceptons . Puis , nous nous donnons le droit de lâcher prise , pour nous remplir de bienveillance envers nous même et de faire la paix avec notre MOI . En se débarrassant des pensées négatives , cela va générer des pensées positives , pour désamorcer notre douleur intérieur .

HO'OPONOPONO

LES PESTICIDES

Le cancer du col de l'utérus

Le cancer du col de l'utérus est lié à une infection par un virus , le papillomavirus (MPV) ,issu de l '
ADN humain , susceptible d'infecter une autre personne , lors de rapport sexuel .
Il est situé dans la muqueuse qui couvre le col de l'utérus .

L'infection par le papillomavirus humain (HPV) entraîne en général des verrues génitales et cutanées,
mais qui peuvent évoluer en cancer .Le virus se transmet par contact direct avec une peau ou une
muqueuse contaminée, par voie buccale, auto - inoculation (la transmission de verrues   est favorisée
par le grattage) et par contact indirect (objets ou surfaces contaminés, locaux – douches, hammams,
sièges de toilettes, piscines etc. – favorisant la propagation des verrues plantaires) ; la transmission est
sexuelle dans le cas des condylomes anogénitaux ; la transmission du papillome laryngien s'effectue de
la mère à l'enfant lors du passage dans la filière génitale.

La transformation des MPV en cellule cancéreuse est lente de 10 à 15 ans , elle . Un dépistage , par
frottis permet de dépister la dysplasie du col de l'utérus (état des cellules précancéreuses)

On distingue deux formes de cancer
- les carcinomes épidermoïdes : 80 à 90 % des cancers (bas du col)
- les adénocarcinomes : 10 à 20 % des cancers (haut du col)

C'est le 11e cancer diagnostiqué chez les femmes (3000 cas /an) , généralement chez des femmes âgées
de 35 à 45 ans .Il est recommandé de faire son dépistage à partir de 25 et 29 ans : examen cytologique
puis tous les 3 ans , après deux tests réalisés à 1 an d'intervalle et dont les résultats sont négatifs .Puis
de 30 et 65 ans , tous les 5 ans , par un test HPV-HR

Le cancer est traité par chirurgie, radiothérapie et chimiothérapie dont le protocole est défini en
conseil RCP , après un TEP SCAN et une IRM et selon son stade .

Le vaccin

Il est recommandé de vacciner les jeunes filles et jeunes garçon de 11 à 14 ans .Un rattrapage est
possible de 15 à 19 ans

Les stades

- STADE I : La tumeur se situe de manière localisée dans le col de l'utérus
- STADE II : La tumeur se trouve au delà du col de l'utérus et atteint la partie supérieur du vagin
- STADE III : La tumeur est présente dans le vagin et/ou la paroi du pelvis et/ou bloque l'uretère . Le
rein peut alors gonfler „voire ne plus fonctionner correctement
- STADE IV : La tumeur atteint la vessie ou le rectum . Elle peut former des métastases dans des
organes à distance comme les poumons, le foie ou le péritoine

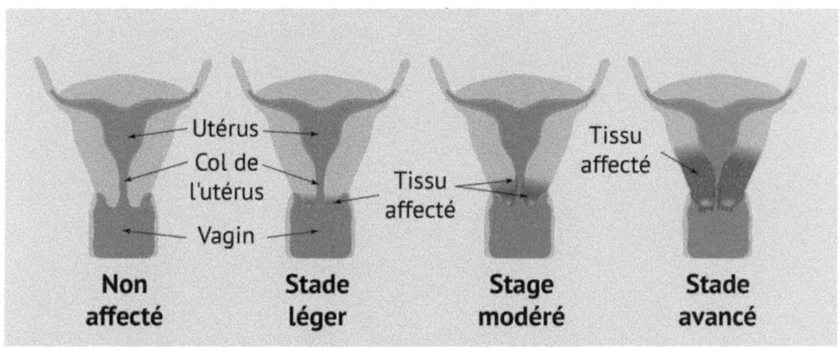

Les examens médicaux

Afin de définir le stade du cancer , sa taille et sa position dans le corps , vous devrez passer plusieurs examens d'imagerie médicale ;

*   IRM (Imagerie à Résonnance Magnétique)

C'est une méthode d'imagerie en 2 D (dimension) ou 3 D de l'intérieur de votre corps , appelé aussi " scanner " , qui utilise les champs électromagnétiques .L'IRM nécessite l'injection d'un produit de contraste . L'examen dure 15 à 30 mn et se fait dans un tunnel d'environ 2 mètre , sur lequel est installé en son centre une table ou vous serez allongé et qui glissera à l'intérieur du cylindre . L'appareil est éclairé et ventilé . Avant le scanner , on vous place un casque sur les oreilles , car la rotation de l'aimant autour de votre corps fait beaucoup de bruit ,comparable à un marteau piqueur . Vous devez rester immobile durant toute la durée , une sonnette , vous est remis pour pouvoir signaler tout problème durant la séance .Une plaque plombée est posée selon le cas , sur vos organes pour les protéger . Le compte rendu est envoyé directement au médecin . Il est recommandé de boire , après l'examen pour éliminer le produit de contraste .

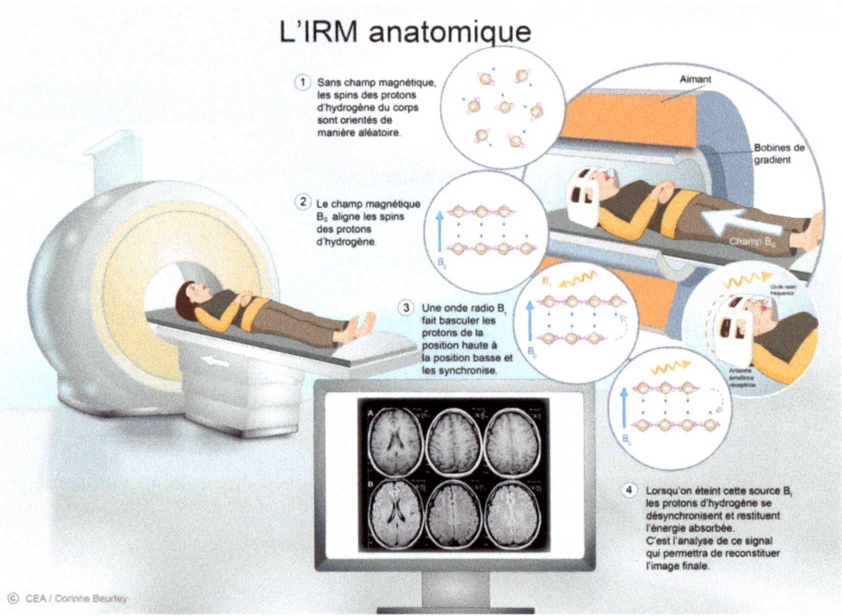

PET ou TEP SCAN (Tomographie par Emission de Positons)

Examen d'imagerie en 2 D qui permet de détecter la présence de cellules tumorales par l'injection de glucose . C'est pour cela qu'il est demandé d'être à jeun 6 heures avant le PET SCAN pour ne pas brouiller les résultats . En effet , les cellules cancéreuses vont fixer le glucose rendu faiblement radioactif .Comme pour 1 IRM, vous êtes installé dans un tunnel ,l'appareil ne fait pas de bruit .L'examen dure 2 à 3 heures avec des périodes de repos , de 40 mn tout d'abord après l'injection de glucose , pour vous reposer . Vous devez vous détendre , car si votre coeur bat trop vite à cause du stress , vos muscles en se contractant consomme du sucre , ce qui peut fausser les résultats . Puis , on vous injecte , un traceur (produit) , ou il vous sera demander d'attendre pour la diffusion du produit . Ensuite , l'examen dure 10 à 25 mn selon l'appareil . Après l'examen , vous devrez peut être attendre que le radiologue vérifie la qualité de l'image avant de partir . Pour l'examen , il peut être demandé d'avoir la vessie pleine et d'avoir bu au moins 1 litre d'eau avant l'imagerie .

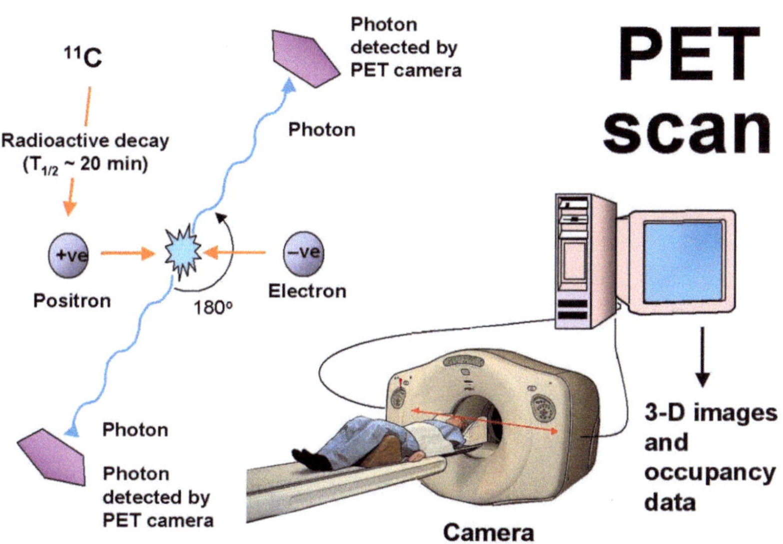

Les traitements

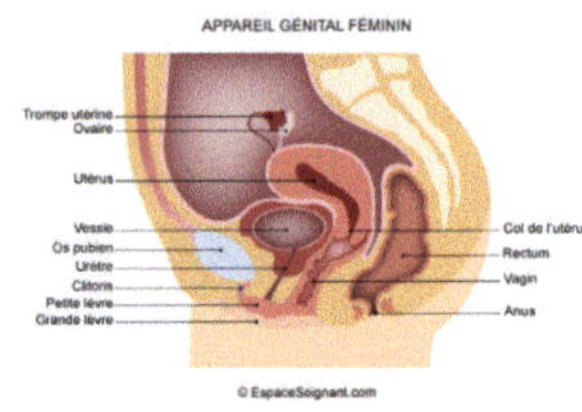

Selon le stade du cancer , la position et la grosseur de la tumeur , le conseil RCP (Réunion Conseil Pluridisciplinaire) les différents services décident avec le gynécologue obstétricien du protocole de soin .

Plusieurs pistes sont étudiées , souvent combinées tel que

-LA CHIRURGIE soit par

- Une Biopsie conique , le chirurgien obstétrique enlève un morceau de tissus dans le col de l'utérus sous forme de cône (solution proposée selon l'âge et un projet de grossesse)
- Une Trachéotomie : le col de l'utérus , les ganglions lymphatiques du bassin , la partie supérieur du vagin sont enlevés (possibilité de souhait de tomber enceinte)
- Une Hystérectomie : une ablation de l'utérus et du col (pas de projet naissance)
- Une ablation des ganglions lymphatiques du bassin et de la partie arrière de l'abdomen
- Une biopsie du ganglion sentinelle (BGS)

-LA RADIOTHERAPIE

Est une méthode de traitement par l'utilisation des rayons pour détruire les cellules cancéreuses et les empêcher de se multiplier .L'irradiation détruit les cellules atteintes , sans détruire les cellules saines avoisinantes . Elle se pratique en général en hôpital de jour , sans hospitalisation , les séances sont courtes . Les séances se font dans tunnel , où vous êtes allongé .

Pour le cancer du col de l'utérus ,les séances devront se faire la vessie pleine . Le traitement peut être complété par une Curiethérapie

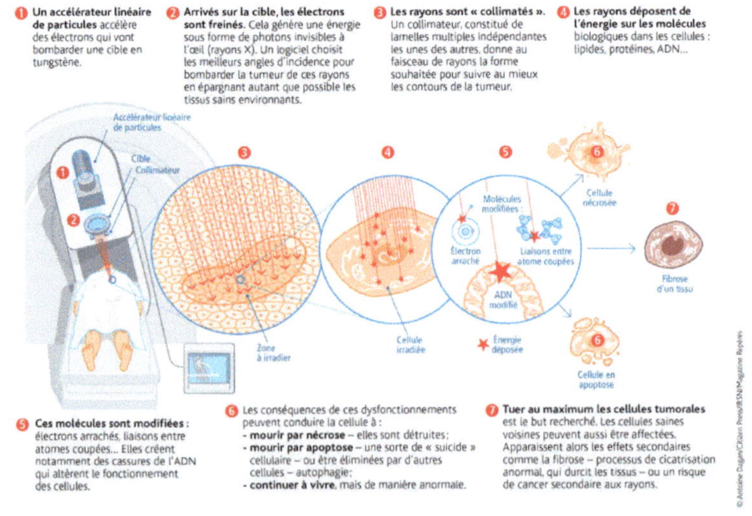

-LA CURITHERAPIE

Est de la radiothérapie , ou l'on vous place une sonde dans le vagin, afin de pouvoir diffuser les radiations au plus près de la tumeur . La durée dépend du stade de votre cancer , soit par 3 à 5 séances reparties sur 2 semaines ou lors d'une hospitalisation de 3 à 4 jours minimum (pouvant être complété par de la chimiothérapie).

LES ETAPES

Sous anesthésie générale ou rachidienne (endormissement de la partie basse du corps) , une sonde urinaire est installée , afin que vous puissiez soulager votre vessie durant la séance , ainsi qu'un instrument (sorte de "tampon applicateur ") jusqu'à votre utérus .
Vous passez une échographie et un scanner pour vérifier que tout est bien placé . Puis une IRM pour calculer la dose de traitement radioactif .
Vous attendez 1 à 2 heures , allongé ou il ne faut surtout pas s'assoir .
L'instrument est branché à un appareil ,qui va vous envoyer des radiations ,à une fréquence et une durée variable , selon le protocole défini lors de votre 1ere visite , avec le Radiothérapeute du service .
Une fois le traitement terminé , les instruments et la sonde sont enlevés . Puis vous allez en salle de réveil avant de pouvoir rentrer chez vous

LES INCONVENIENTS APRES LA CURITHERAPIE

Les jours suivant le traitement

-Saignements légers
-Des crampes de la même nature que les règles
-Envies fréquentes d'uriner , avec la sensation de brulures en urinant
-Diarrhée
-Fatigue

Permanents

-Sècheresse vaginale
-Rétrécissement de la vessie (sténose)

Vous pouvez refuser le traitement et voir pour compléter par des séances de radiothérapies classiques et de chimiothérapies

-LA CHIMIOTHERAPIE

Ce traitement repose sur l'utilisation de substances toxiques, pour les cellules cancéreuses , en les détruisant ou en inhibant leurs croissances .Les produits peuvent impacter des cellules saines et entrainer des effets secondaires .Ils affectent les cellules intestinales , de la moelle osseuse et du cuir chevelu (perte de cheveux : alopécie). La chimiothérapie est injectée en intraveineuse dans certains cas (durée courte et selon le produit) , à travers la perfusion via le PIC LINE ou la chambre implantatoire) posée chirurgicalement . Le dispositif est installé en hôpital de jour pour ce qui est de la Chambre dans le thorax , pour le PIC LINE dans le bras , où le cathéter permet d'injecter le produit dans la veine cave , proche du coeur . La pose de ce système permet de protéger les veines . Une infirmière devra passer une fois par semaine pour changer le pansement et nettoyer le cathéter . Elle devra aussi faire une prise de sang , 2 jours avant chaque chimiothérapie afin que le préparateur puisse doser le traitement .
La chimiothérapie se fait dans le service d'oncologie . La durée et les produits sont variables selon votre cancer et le protocole défini . Lors de l'injection des produits , l'infirmière peut vous proposer selon vos soins , des brassards froids à mettre aux bras et aux chevilles pour protéger vos ongles . Puis une sorte de casque avec du froid pour retarder la chute des cheveux . Vous pouvez ou non les porter .

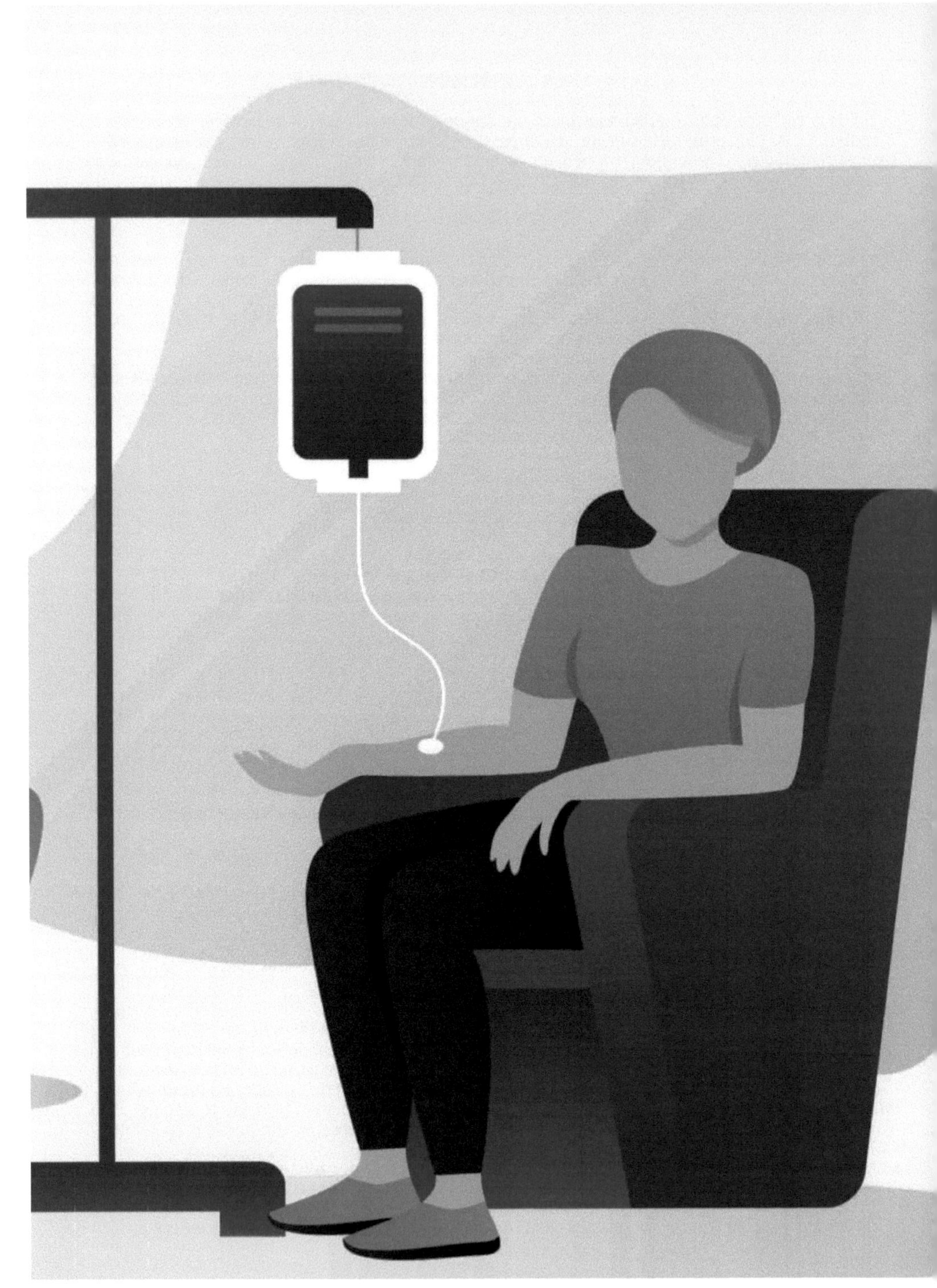

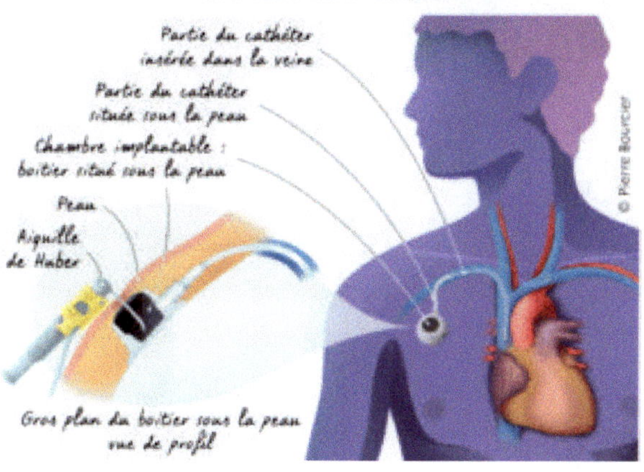

La chambre à cathéter implantable
Partie du cathéter insérée dans la veine
Partie du cathéter située sous la peau
Chambre implantable : boîtier situé sous la peau
Peau
Aiguille de Huber
Gros plan du boîtier sous la peau vue de profil
© Pierre Bouchet

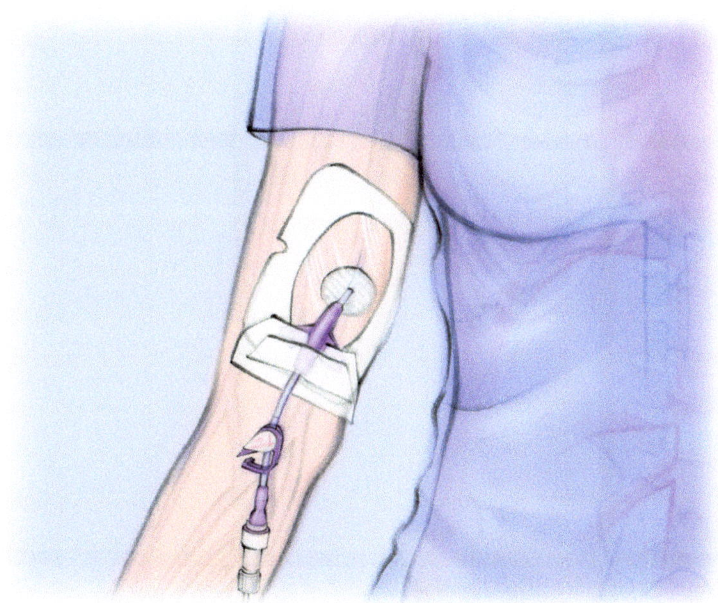

Planning
de la semaine

Lundi

Mardi

Mercredi

Jeudi

Vendredi

Samedi

Dimanche

Notes

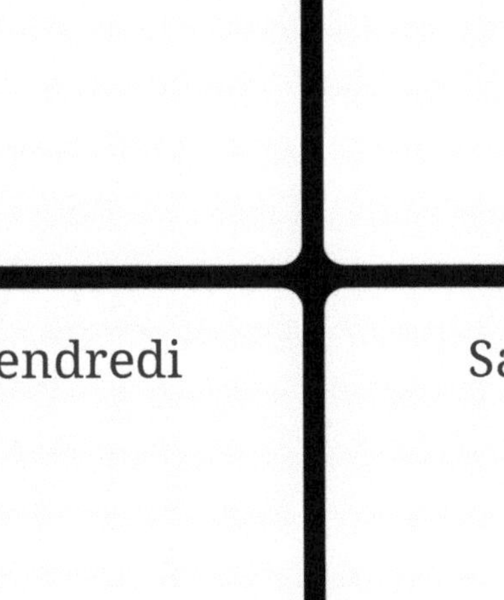

LE JARDIN DE L'ESTIME DE SOI

Fertiliser son estime de soi

Durant le traitement du cancer , selon mon expérience , il est important de se préserver, avoir "un terreau solide ", pour affronter les semaines et les mois , à faires des aller - retour à l'hôpital . La Fertilisation ,c' est un peu ,comme une manière de forger son mental et le préparer aux épreuves , tel un sportif .
Pour tenir le coup face aux douleurs physiques et l' ascenseur émotionnel , cela implique d'arriver à se détacher , à prendre de la hauteur , définir un planning ,pour se focaliser uniquement , sur un objectif : la guérison . Le moyen , le plus efficace pour tenir le coup est d'anticiper et s'organiser .

Après le choc de la nouvelle , la colère et la tristesse , nos pires peurs font surface . Le chemin que nous avions tracé , fini par s'écrouler . En plus de la maladie , nous découvrons souvent , le vrai visage de notre entourage , aussi bien personnel que professionnel . Certaines personnes vont vous étonner et d'autres , par contre , vont vous décevoir cruellement . Vous allez découvrir que des personnes en qui vous aviez du respect , sont en fait des personnes toxiques . Un grand bouleversement et un " ménage " doit être mis en place pour ne pas se faire phagocyter , poser des limites et faire le tri , autour de nous , pour ne pas se faire envahir , par la toxicité de certain .

Vous allez entendre toutes sortes de commentaires et d'avis , quand vous annoncerez votre cancer . Vous vous rendrez compte que certains , vont " se rassurer " de votre nouvelle , pour compenser leurs propres peurs . Votre situation , chamboule leurs priorités et au lieu de s'adapter , certains jugent , avoir   déjà fait des sacrifices quotidiens pour vous .Selon leurs perceptions , " vous viviez déjà ,depuis longtemps de leurs largesses . Leurs instincts de survie ont fait qu'ils ont adopté des comportements , dont vous ignoriez jusqu'à présent l'existence . Leurs souffrances , selon eux , est la priorité n°1 , pour rester le centre de l'attention .
Vous venez d'apprendre que vous avez le cancer et avez besoin de soutien , Mais , au lieu d'avoir , un peu d'humanité , vous devez entendre des commentaires , des histoires , des avis à la limite de l'acceptable ,de ses personnes toxiques , tel que

- "Ah , ma voisine , elle a aussi eu un cancer , cela a été atroce . Elle a au final développé un nouveau cancer , on lui a fait une ablation des 2 seins et elle est morte quelques mois plus tard "

En quoi , ses informations sont censées nous réconforter ? vous admettrez que l'histoire de cette personne , ne va pas inévitablement être la votre , tout simplement ,car cela dépend du stade du cancer , des traitements et de la puissance de notre mental pour combattre la maladie .

- "Prend cela du bon coté , tu vas perdre du poids ,depuis le temps que tu fais des régimes "

Comment cette phrase est censée nous aider ? Car si on comprend cette remarque , si pour arriver à nos objectifs de poids , cela se limite à se vider les intestins avec des diarrhées 4 à 6 fois par jour et avoir des nausées , cela voudrait dire que l'on devrait être "heureuse " d'avoir un cancer .

- " Tu vas pouvoir te reposer , prendre du temps pour toi "

Donc , cela devrait dire ,que durant notre arrêt maladie , on profite de la vie .Désolé , car dans les faits ,on est loin d'une plage paradisiaque en matière de repos , car les journées sont rythmées par
-des séances de radiothérapies en général du lundi au vendredi
-de la chimiothérapie : une fois par semaine minimum
-des rendez vous chez les praticiens
Et le repos , franchement à part dormir 12 heures par jour , pour récupérer des traitements , essayer de canaliser les douleurs . Vous êtes tellement fatiguée , essoufflée ... que faire la lessive , le repas , les courses , se laver , le ménage , marcher ... relèvent d'un effort surhumain . Donc le repos implique de récupérer pour pouvoir affronter la suite des traitements . Si on n´écoute pas son corps , il nous rappelle vite à l'ordre

Vous entendrez toutes sortes de choses et serez déçu par vos proches et vos collègues de travail , j'en au fait la triste expérience .

Méthode MAIDAY

Je vous présente ci dessous , la méthode MAIDAY , que j'ai mis en place , pour accéder à un état de résilience . Cette " acronyme " regroupe différents enseignements ,que j'ai découvert ,utilisés après mes lectures , mes recherches sur le développement personnel . Vous trouverez à travers mes pages : des conseils ,des outils ,des supports utiles pour booster l' estime de soi , En tout cas , ses préceptes m'ont aidé dans mon combat, vers la rémission de mon cancer .

Je vous invite à tester , à mettre en place , cette méthode , sous la forme de routine du quotidien , afin de planifier ce moment avec vous , comme une sorte de rendez vous avec votre MOI, pour puiser de l'énergie, quand le corps , vous " dit " , STOP , au secours , je n'en peux plus .

MAIDAY

MINDFULNESS: Pratiquer la méditation et la pleine conscience

AFFIRMATIONS POSITIVES : Gérer vos émotions - développer votre Intelligence Emotionnelle

Afficher votre mantra , une citation , une phrase qui vous inspire , qui fait écho en vous pour réconforter votre estime et votre confiance en soi .

INTENTIONS : Confectionner votre BULLET DAY

Planifier vos journées ,avec l'utilisation de TRACKER, célébrer vos petites victoires (cela peut être des petites choses au départ , car avec les traitements , le corps s'affaiblit , comme prendre une douche , se laver les dents , faire le ménage , faire tourner .une lessive ...Tous ses actes simples deviennent un Everest .

ART THERAPIE

Exprimer votre créativité , avec l'art thérapie , la poésie , l'écriture ... cela permet de faire parler ses émotions .

- ## **DEVELOPPEMENT PERSONNEL /**

Prendre le temps de faire une introspection avec la réalisation de votre
VISION BOARD , avec des images , des dessins , des objectifs (court terme et moyen terme) ou
une carte mentale , il doit être un tableau d'Energie positive , pour se souvenir ,qu'après ou
durant la maladie , on peut mettre en place certaines actions . Je vous ai mis mon VISION
BOARD , pour exemple et que j'ai réalisé sur le site Canva , Si vous disposez d'une imprimante,
vous pouvez le " coucher sur le papier , l'afficher pour le visualiser tous les jours .
Faire son IKIGAI ,pour définir de nouveaux projets , d'être aligner avec ses valeurs , prendre le
temps de penser à ses envies , ses besoins ... après la rémission . Vous allez devoir souvent
attendre entre les phases de traitements , votre corps reprend un peu de force ,dans ses
moments là , cela permet de trouver du courage , surtout si on vous annonce une suite à votre
protocole de soins
Compléter la ROUE DE LA VIE , certes avec la maladie votre vie change , mais quand on est en
pleine forme , souvent on remet les choses à demain , comme par exemple , sa créativité , sa
spiritualité . Avec cette roue , cela permet de se dire : Oui ou non , je fais le métier de mes rêves
, je partage ou non une vie amoureuse qui me satisfait ... Cela permet de se dire , qu'il va falloir
peut être ,revoir ses priorités et penser à des axes de progrès ,dans certains domaines de votre
vie, pour être plus heureuse . Chaque petit pas , permet d'atteindre cet objectif , car avec la
frénésie du quotidien, quand on travaille , s'occupe de notre famille , notre entourage , nos
tâches ménagères ... nous oublions nos envies . En plus , avec la roue de la vie , on peut se
rendre compte ,qu'on peut faire évoluer certains aspects de notre vie . Et , nous réalisons que
pour arriver à notre objectif , qu'il faut mettre en place des actions (sociale , professionnel ...)
, et toucher à des aspects de notre vie

- ## **Energies du YIN - YANG / Préserver votre Fémin Sacré , L'Ayurveda , la Naturopathie**

Rééquilibrer vos énergies avec la pratique du TAI CHI CHUAN - du YOGA ...

**" J'ai foi dans les
capacités de guérison
de mon corps "**

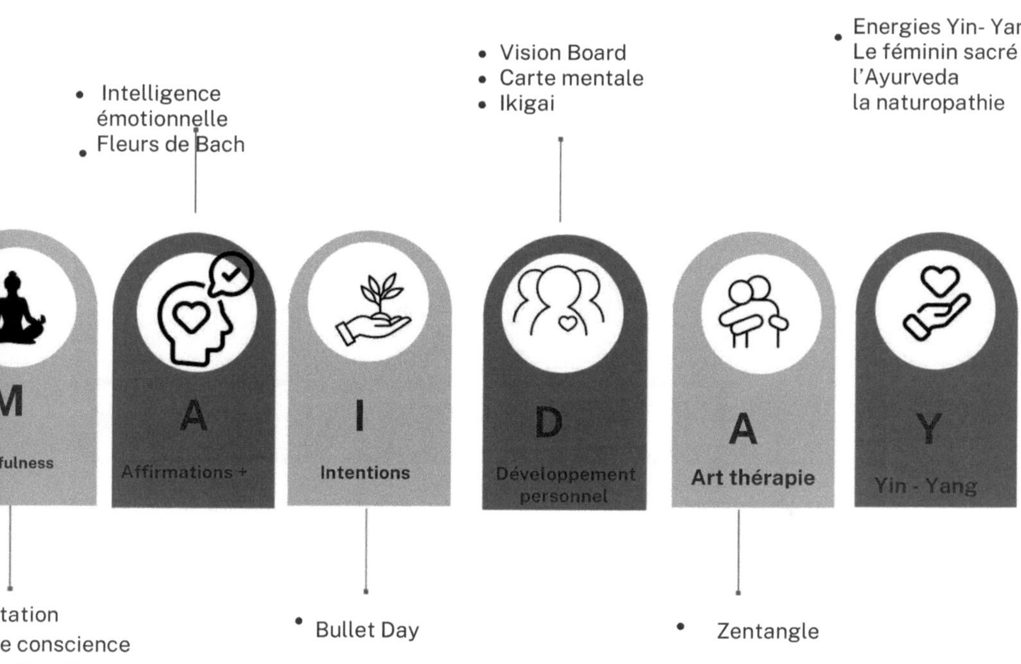

Intelligence
émotionnelle
Fleurs de Bach

Vision Board
Carte mentale
Ikigai

Energies Yin- Yang
Le féminin sacré
l'Ayurveda
la naturopathie

M
dfulness

A
Affirmations +

I
Intentions

D
Développement
personnel

A
Art thérapie

Y
Yin - Yang

litation
ne conscience
ng Boogie

Bullet Day

Zentangle

MAIDAY

MINDFULNESS

La méditation

La pratique de la méditation vient d'Inde et remonte à + de 5000 ans . Elle se repend au Japon et dans les pays asiatique vers 600 ans avant notre ère . Au XVIII e siècle , elle arrive en occident . Elle se popularise avec le Yoga dans les années 1960 .

C'est une pratique d'entrainement de l'esprit qui favorise le bien être mental . Elle vient du latin " MEDITANE " qui signifie contempler .

LES BIENFAITS DE LA MEDITATION

- Réduction de la colère et de l'agressivité
- Meilleure gestion des émotions
- Une prise de recul par rapport aux évènements stressants
- une diminution de la dépendance
- l'activation de certaines zones du cerveau favorisant calme et bienêtre
- un ralentissement du métabolisme (diminution du rythme cardiaque et respiratoire , de la production de CO_2 , de la tension musculaire et ralentissement des ondes cérébrales)
- prévention des troubles cardio vasculaires
- développement de la concentration et de l'attention
- amélioration des fonctions cognitives (réflexion, pensée)
- amélioration du système immunitaire
- développement de l'empathie
- diminution des ruminations
- augmentation de la sensation de bonheur
- une vision plus positive des choses

Il existe plusieurs types de méditation

- la méditation de pleine conscience (abordée plus loin) - Mindfulness - inspirée du moine Thich NhatHank

-
- la méditation transcendantale , basé sur la tradition védique (voir le sujet sur l'Ayurvéda , décrite plus loin) de l'Inde , avec l'utilisation de mantra comme le "OM "

-
- Vipassana : Pratique bouddhiste basée sur l'observation de la respiration et des sensations corporelles .
-
- Zazen : pratique issu de la fusion entre la pratique bouddhiste et le taoïsme . " Za " signifie assis et "Zen " méditation . Elle est née , il y a 2600 ans sous l'impulsion , de la posture de l'EVEIL du Bouddha . Elle consiste dans le maintien d'une posture , tout en acceptant la douleur , sur une durée longue .

Flying Boogie

Avant d'expérimenter la médiation , je vous invite à commencer par faire le vide , cela consiste à se débarrasser du superflu .

C'est un peu , un point de départ vers une méthode encore plus efficace , qui est celle de Marie Kondo , appelé KonMari . C'est une technique de rangement , une philosophie de vie qui vise à transformer notre relation avec nos objets et notre espace de vie , en conservant , les objets qui " éveillent de la joie " , cela est propice à la sérénité . La méthode repose sur :

- le tri par catégorie : vêtements , livres, papiers , les komonos (objets divers : cosmétiques , ustensiles de cuisine ...) , objets sentimentaux (photos, bijoux, cadeaux ...)
- A traiter les objets avec respect , de leur exprimer de la gratitude
- Le pliage des vêtements de manière à ce qu'il puisse être facilement visible en les rangeant dans un tiroir .
- A faire des piles , selon qu'on souhaite les garder , les donner , les jeter . Pour les papiers , ce sera selon qu'ils sont à traiter , à conserver ou à jeter
- A utiliser des systèmes de rangements pratique :

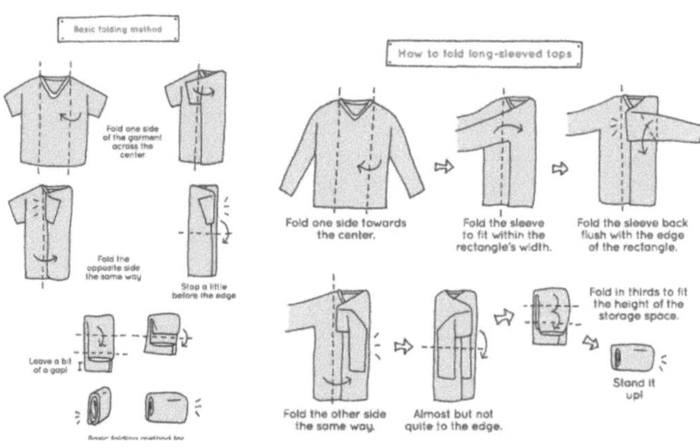

Exercice

Munissez vous d'un sac poubelle et d'une montre

- En 15 mn , " liquidez " 10 objets qui encombre votre maison (! pas de retour en arrière)
- Respirez quelques secondes , trouver le point commun entre ses objets (le passé , un cadeau d'une personne ...)
- Et maintenant , et oui , allez jeter ses objets

Ne sentez vous pas un vent de liberté , un esprit plus léger ?

La pleine conscience

La pleine conscience est l'expression d'une attitude de présence interne avec soi même (sensations, pensées…) et avec l'extérieur (environnement, bruits, visualisation …). C'est une forme de méditation , d'éloge de la lenteur

Ce concept vient du bouddhisme , de THICH NHAT HANK fondateur de l'Inter -être. Il a connu la guerre du Vietnam alors qu'il était novice dans un monastère . Au fur et à mesure de son enseignement , il perçoit que le seul moyen de sortir du conflit par la non violence est le bouddhisme . En 1949 , TNH quitte le temple avec deux amis afin de devenir des bouddhismes engagés par la voie de l'action . En 1951 , il est ordonné moine .En 1954 , il rentre à l'université et subvient à ses besoins avec l'écriture de livres et de poésies . Il écrit dans les journaux et gagne en notoriété .

En 1956 , il devient rédacteur en chef . La même année sa mère meurt et il fait une dépression . Il se retire dans les hauts plateaux du Vietnam et fonde une communauté dans une nouvelle voie du bouddhisme , qui ouvrira à la pratique de la pleine conscience .

En 1959 , il est invité au Japon à une conférence , ce qui lui a donné l'envie d'approfondir ses connaissances en voyageant . Il obtient une bourse d'étude de l'ambassade américaine .

En 1961 , il devient porte parole de la résistance bouddhiste . En 1963 , on lui propose un poste de chercheur à l'université de Colombia . Il donne aussi plusieurs conférences . En 1965 , les militaires au pouvoir au Vietnam , l'accuse d'être un communiste . TNH s'engage avec l'ouverture d'écoles , de cliniques et encourage ses novices à participer à la reconstruction des villages .

En 1966 , il fonde l'ordre de l'INTER ETRE , objet de 14 principes dont le choix de sa propre idéologie ,avec toutefois le refus de participer aux conflits . Le 1er juin de la même année , il, donne une conférence de presse avec MARTIN LUTHER KING , afin de proposer un cessez de feu immédiat et le retrait des troupes américaines . Radio Saigon l'accuse de trahison , il devient dangereux pour NHK de retourner dans son pays .

En 1969 , il s'installe à Paris durant les pourparlers de paix et crée l'Eglise Bouddhique unifié . En 1971 , son passeport est annulé , En 1973 ,il écrit un livre sur la pleine conscience , traduite en 1975 THE MIRACLE OF MINDFULNESS.

En 1982 , il crée le village des pruniers qui débouchera sur d'autres villages en France et dans le monde . En 2017 , la fondation de THICH NHAT HANH , compte plus de 9 monastères et accueille plus de 750 moines , où est organisé des retraites , des séminaires ….

En 2005 , NHK est autorisé à revenir comme visiteur au Vietnam , pour enseigner et publier des livres .

Le 11/11/2014 , il fait un AVC . Le 2/11/2018 , il décide de retourner vivre au Vietnam définitivement , à ce moment là , il ne peut plus s'exprimer normalement suite aux séquelles de son AVC . Il décède le 22/01/2022 à 95 ans , après avoir publié durant sa vie , plus de 130 livres dont 100 en anglais , beaucoup seront traduits dans + de 40 langues

La pratique de la pleine conscience

En marchant

- Marcher avec solidité , liberté en se réjouissant de chaque pas
- Détendez vous , conscient de vos pieds , du sol et de la respiration
- Harmoniser le rythme des pas , avec 2 ou 3 pas en inspirant et 3 à 4 pas en expirant
- Relâcher les tensions , ouvrer vos oreilles aux sons (feuilles , oiseaux …)
- Lever les yeux et apprécier le paysage , nos 5 sens en éveil

Assise

- Trouver une position confortable , le dos bien droit , les genoux ou vos pieds reposant sur le sol , les mains sur les cuisses .
- Détendez les muscles de votre visage , la tension dans votre mâchoire, les épaules …
- Suivez votre respiration
- Installez vous fermement dans la conscience du corps , de vos sensations et émotions . Votre respiration est votre ancre .
- Laisser vos pensées venir et visualiser les comme si c'était un nuage dans le ciel . Le fruit de l'écoute compatissante et profond , vous permet l'éveil . A force de pratique , vous vous sentirez comme le lotus entrain de s'épanouir

Allongée – Relaxation

- Apprécier l'éloge de la paresse et pratiquer la méditation guidée . Vous trouverez des applications ou des vidéos sur You tube . J'apprécie particulièrement LES BOTANIQUES DU COEUR ou celles proposées par l'application de PLUM VILLAGE du village des pruniers .

Manger en pleine conscience

- Installez vous devant votre repas ou une tasse de thé ou un fruit .

- Inspirer , Expirer et fermer les yeux , puis prenez conscience à chaque bouchées de ce que vous mangez ou buvez comme un cadeau , fruit de beaucoup de travail , avec gratitude pour la terre qui lui a donné naissance .Vous pouvez poser votre fourchette ou cuillère ou tasse à chaque bouchée ou gorgée .
- Reconnaissez et transformez vos formations mentales , apprécier la texture , le gout … comme si vous redécouvriez cet aliment

AFFIRMATIONS POSITIVES

Le cerveau : origine de la colère

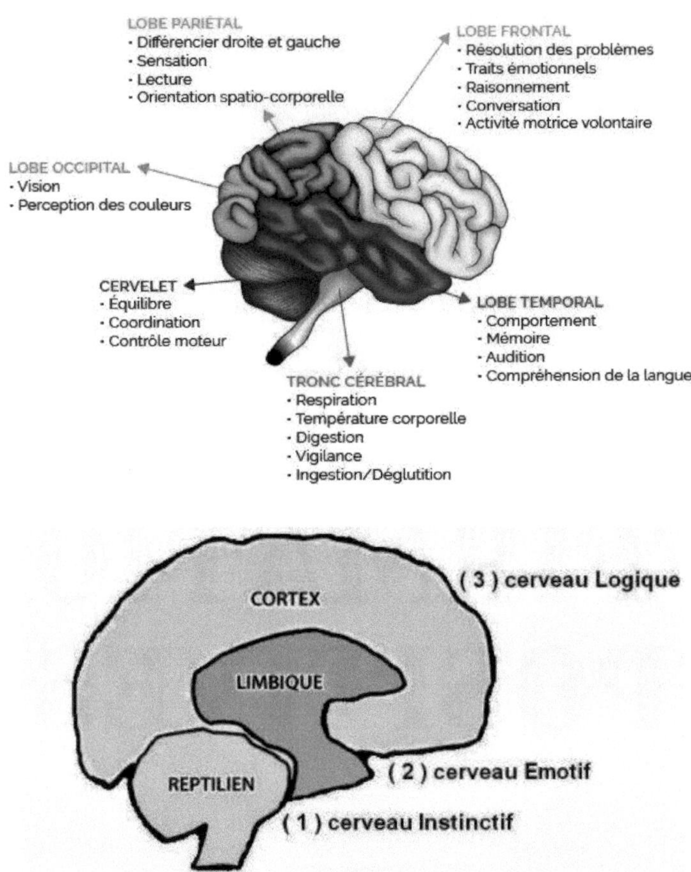

Face à la colère

- Notre cerveau reptilien prend le dessus . C'est notre 1er cerveau , vieux de 400 000 millions d'années , il est le siège de l'instinct primaire : conservation , reproduction ,alimentation, sommeil, territorialité . Il est responsable de nos réactions primaires : la peur, la haine , la colère, l'hostilité et répond à l'instinct de Survie .
- Le cerveau limbique : est le centre des émotions et des valeurs , c'est lui qui régule nos comportements et maîtrise les réactions du cerveau reptilien
- Le néo -cortex : est le centre du rationnel , c'est lui qui permet de dépasser la peur et l'agressivité . C'est une sorte de "médiateur"

Apprendre à mieux gérer ses émotions et sa colère
L'intelligence émotionnelle

En Intelligence émotionnelle on distingue 3 grandes familles d'émotions

- Les 4 émotions de base : la tristesse, la peur , la colère , la joie

- les émotions secondaires : qui vont induire un comportement , une gestuelle et un changement facial .
Ces émotions sont :
la honte ,la culpabilité, l'envie, le remords , la jalousie, le mépris ,la compassion, la sympathie, l'orgueil, l'admiration , la gratitude, l'indignation …

- les émotions " d'arrière plan" qui sont :
l'optimisme, le pessimisme ,le malaise, la tension, l'irritabilité , la disponibilité, l'ouverture , la soumission
….

En exploitant et travaillant sur son Intelligence Emotionnel - IE , par la gestion de ses émotions cela devient une force , elle développe :

- la conscience de soi : avec le surmoi, on écoute ce que l'on ressent
- la maitrise de soi : avec la capacité de lâcher prise , prendre du recul
- la motivation : qui donne du sens à l'existence
- l'empathie : savoir se mettre à la place de l'autre , d'avoir de l'indulgence et de l'humilité
- l'écoute active par la communication non violente : pour comprendre nos différences , nos besoins afin de trouver des solutions

Les 4 émotions , sont la manifestation cachée de nos besoins qui sont :

- LA PEUR : Instinct de survie
- LA COLERE : Respect , considération
- LA TRISTESSE : Réconfort
- LA JOIE : Partage

Le psychologue américain Daniel Goleman , qui a popularisé le concept de IE , a démontré qu'avec le temps , des manifestations organiques , comme des douleurs , peuvent apparaitre ,du fait de certaines postures , de mouvements répétitifs , ou externes, voir d'émotions non exprimées .

Une étude du Journal of Psychosomatic Research , affirme que 80% des douleurs chroniques trouvent leurs origines dans la manifestation "non dites " d'une émotion
- Au coup : émotions de frustration ou de colère refoulée
- Epaule : signe d'un fardeau comme portant le poids du monde
- Hanche : la peur ou l'insécurité
- Genou: lié à une difficulté de s'adapter aux changements ou à une nouvelle situation
- cheville : la culpabilité
- la tête : le stress, l'anxiété, la dépression
- Estomac : difficulté d'accepter certaines situations
- Poitrine : le chagrin ou la perte , symbole du " coeur brisé "
- Main : frustration, incapacité de prendre " les choses en main "
- Pied : peur , incertitude , hésitation à avancer

La communication non violente du Psychologue clinicien , Marshall B. Rosenberg repose sur étapes OSBD

- Observation : je décris la situation " Lorsque je vois , j'entends .... "
- Sentiment : " j'exprime mon émotion " Je me sens "
- Besoin : " j'exprime l'origine de mes sentiments " Parce que j'ai besoin de ...."
- Demande : je cherche un compromis , j'exprime le besoin " Es tu d'accord de ... "

Cela va induire la formation d'un cercle vertueux

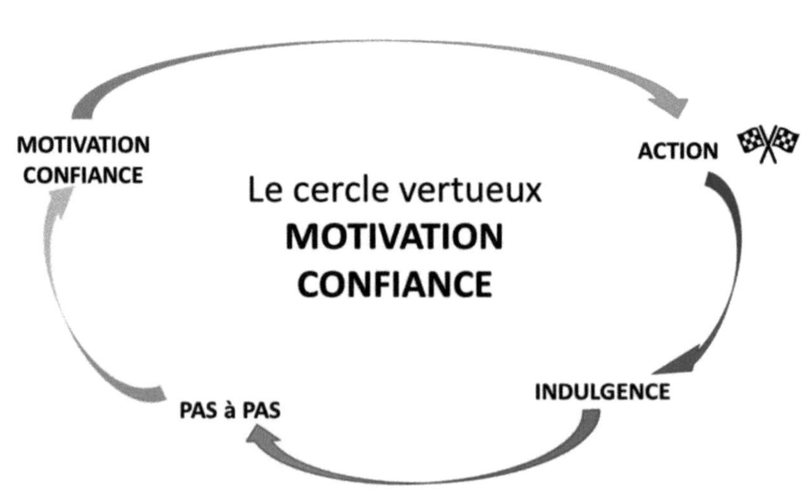

Avec la méthode que j'ai mis en place, je vais encore plus loin , pour m'adapter et gérer mes émotions, en rajoutant 5 étapes et en remplaçant OBSERVATION par les FAITS . Je complète pour   identifier mes BESOINS , nommer mes VALEURS , passer à l'ACTION et booster mon mental , avec des AFFIRMATIONS POSITIVES pour au final apporter un bienfait sur ma santé .

Je recherche ainsi en moi , les mots pour être en "paix " avec les MAUX .pour créer une AFFIRMATION POSITIVE , pour me rappeler chaque jour les ACTIONS que je souhaite mettre en place pour calmer cette émotion .

1.   J'explique les FAITS " Je viens d'apprendre que j'ai un cancer "
2.   J'exprime mon EMOTION :" Je suis en colère . "
3.   SENTIMENTS " Je sens monter en moi l'envie de crier ..."
4. BESOINS : " J'ai été accusé d'être responsable de cette état . J'ai besoin de respect , d'écoute et de compréhension "
5.   VALEURS : " Je perçois cette annonce comme une injustice , une punition "
6. DEMANDE : Je cherche des moyens : " Je veux trouver des moyens pour canaliser cette colère , pour avancer et pouvoir accepter la situation
7. ACTIONS : " Je vais apprendre à utiliser les méthodes de la Pleine Conscience , en me concentrant sur l'INSPIRE et l'EXPIRE
8. AFFIRMATIONS POSITVIVES : " J'obtiendrais une meilleur compréhension de mes réactions , afin
9.   de mieux les anticiper et les contrôler .

En restant positif , en exprimant ses émotions , ses intentions , cela permet de mettre en place un cercle vertueux , pas après pas , vers votre transformation de ses émotions et vous aider par le biais de l 'Intelligence Emotionnelle à   sortir grandit de ce Cancer .

Cette formulation , va en plus , permettre à votre interlocuteur de se rendre compte que pour soulager votre émotion , il/elle va devoir apporter son aide , aussi bien physique (faire les courses , le ménage ...) qu'émotionnel (prendre sur soi, réconforter ...) parfois même de changer de comportement .

Vous pouvez utiliser, si vous en ressentez le besoin des Fleurs de Bach , qui peuvent soulager le trop plein d'émotions .

Les affirmations positives proposées , vont vous permettre de booster votre motivation

Les fleurs de Bach

Les fleurs de Bach sont des élixirs floraux , établies en 1930 par un médecin homéopathe britannique , le Dr Edward Bach , qui à travers ses observations et expérimentations des fleurs et des plantes , à constater que leurs composants chimiques , pouvaient agir sur les émotions tel que :

- l'état de peur
- l'incertitude
- le manque d'intérêt
- la solitude
- l'hypersensibilité
- désespoir
- les états de persécutions

Il constitua 38 élixirs floraux , dont vous trouverez ci dessous leurs noms et leurs actions sur les émotions . Je vous détail , le procédé de fabrication , afin de réaliser que la plante est bien utilisée pour ses propriétés bienfaisantes

FABRICATION

- Etape 1 :Les fleurs sont cueillies par temps ensoleillé , à l'aube , sans être touché avec les mains , mis dans de l'eau de source dans des pots posés au sol pour puiser l'énergie des 5 éléments et obtenir un bon état vibratoire , au soleil (solarisation)

- Etape 2 : Les fleurs sont retirées de l'eau , le contenu est filtré et mélangé à de l'alcool (Brandy à 40 %) pour donner de la teinture mère .

- Etape 3 : La teinture mère est ensuite diluée avec de l'alcool de raisin à 27 % , puis mise dans des petites bouteilles teintées pour conserver leurs propriétés .

POSOLOGIE

4 gouttes sur la langue ou dans un verre d'eau à prendre toutes les 5 mn en début de crise , puis 15 mn et toutes les heures : 6 X / jour max .

Les fleurs de Bach peuvent aussi être proposé en mélange , comme le RESCUE , qui est une sélection de 5 plantes sur les 38 , réalisé en 1933 par le Dr BACH , pour soulager les états émotionnels d'urgence après un traumatisme .

Les fleurs de Bach peuvent être commercialisé sous forme de pastille ou de gomme

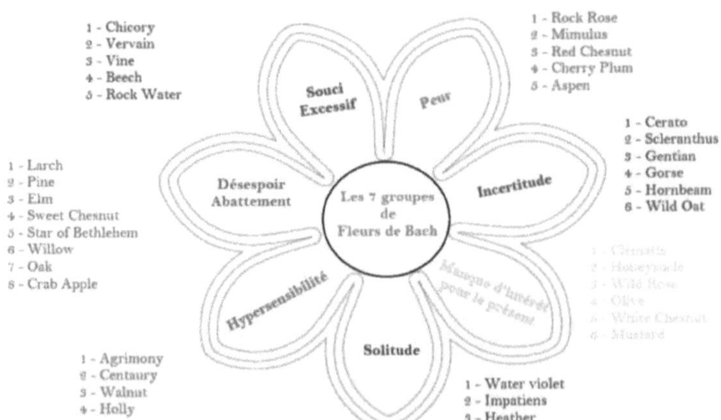

Affirmations ++

 Je suis digne d'amour et de respect tels que je suis

 Je m'engage à me soutenir , à m'encourager et à m'aimer inconditionnelle ment

 Chaque défi que je rencontre ,renforce ma résilience et mon caractère

 Je suis fière de qui je suis et de tout ce que j'ai accompli jusqu'à présent

 Chaque défi est une opportunité pour moi de grandir et d'apprendre

 Je suis en constante évolution et j'embrasse chaque étape de mon cheminement

Affirmations ++

Je choisis de
faire preuve de
compassion
envers moi
même dans
chaque étape
de ma
progression

Je suis maître de

mes pensées ,et je
choisis celles qui
élèvent mon
esprit

Chaque

épreuve est une
occasion de
m'élever et de
devenir plus
forte

Je choisis de me
concentrer sur les
possibilités , plutôt
que sur les
obstacles

Je choisis de

laisser aller les
peurs qui ne
servent plus
mon bien être

Mon esprit est
paisible ,ce qui
favorise une
santé optimale

MAIDAY

INTENTIONS

POSER SES INTENTIONS

Pour rester motivée et positive durant le traitement , il est utile de se focaliser sur une intention , un objectif qu'on souhaite réaliser dans la journée .

Elle peut être une sorte de feuille de route , pour mettre en place une routine quotidienne , selon le concept des objectifs SMART, pour définir une échelle plus facilement atteignable. Il faut pouvoir viser de célébrer , chaque jour une victoire , face à la maladie ou notre état émotionnel .

Au départ , et au fur et à mesure des traitements , notre corps peut être faible et notre mental , cherche à tout prix , à se focaliser sur le négatif . Il y a des jours , ou effectivement il faut écouter son corps . Personnellement , durant la phase de radiothérapie du lundi au vendredi , avec en plus une fois par semaine , la chimiothérapie . Je n'arrivais pas à me motiver . J'ai mis en place des INTENTIONS , selon mon état physique , avec simplement , par exemple, la mise en place de routine difficile , mais que je pouvais ,par la force mentale, arriver à réaliser et ainsi, réconforter mon estime de moi tel que :

- SPECIFIQUE / -me laver au moins 2 à 3 fois par semaine

-me laver les dents ou faire un bain de bouche : rien que de réaliser cette acte , avec les traitements , j'allais tout de suite vomir en me brossant les dents . J'ai opté pour le bain de bouche

-faire mon lit : c'était un défi , car , rester debout , me demandait énormément d'énergie

- MESURABLE : en cochant dans mon BULLET DAY , la réalisation de cette action

- ACCEPTABLE : Dès que je pouvais réaliser cette action , ACCEPTABLE , car mon état de santé était meilleur et que retrouvais de la force physique . J'augmentais mon curseur , comme Marcher 15 mn par jour , dès que la météo était bonne (attention , votre corps avec les traitements , vos anticorps baissent , il suffit de regarder les résultats de vos prises de sang)

- REALISABLE : Ce n'est pas la peine de se fixer des objectifs inatteignables, alors que nous sommes faibles , que notre corps n'est pas encore prêt . Durant des semaines , je ne pouvais pas faire une simple tâche , tel que : étendre une lessive, passer le balai , rester à table pour manger … J'ai du accepter de l'aide et même verbaliser ma demande , car voir la maison salle ou le linge s'entasser , augmentait , ma charge mentale . Il est important d'être entouré et ne pas avoir honte d'appeler à l'aide . Je pense que nous nous sommes déjà démener durant notre vie , pour assurer la logistique à la maison . Donc pas de pression , faites ce que vous arriver à faire , même si ce n'est que déposer une assiette sale dans l'évier , vous avez fait votre Everest

- TEMPOREL : On pose des jalons et on célèbre ses victoires . J'ai pris 3 douches cette semaine . Je fixe que je ne me pas de temps définis pour me laver . Au début , je me savonnais à genou dans la douche . Puis , j'ai installé une chaise pour pouvoir profiter du bonheur de l'eau chaude sur mon corps , J'ai investi dans un peignoir , car rester debout, à m'essuyer , j'avais des vertiges . Et , j'arrivais , à aller dans la chambre , ou j'avais pu préparer , des vêtements amples dans un panier à côté du lit . Je pouvais récupérer mon souffle et ne pas avoir froid . Profiter de ses moments où vous avez de l'énergie , pour préserver votre féminin sacré . La semaine suivante , vous pourrez adapter , vos challenges . Il est important de lâcher prise , d'accepter nos faiblesses , à écouter notre corps . Ses acts forgent notre mental et nous aide dans la voie de la guérison .

LA TECHNIQUE DE L ANCRAGE

La mélancolie vous gagne et vous commencer à perdre pied . Pour retrouver du réconfort et vous recentrer , toucher votre objet fétiche : bracelet , collier … qui vous reconnecte à un de vos moments de réussites , de joie et de force . Cette technique va vous aider à prendre du recul , à retrouver votre calme intérieur , à rester dans le moment présent .

OBSERVER SUR UN AUTRE ANGLE

En programmation neurolinguistique , on apprend à voir une situation différemment en la regardant sous un autre angle , en se mettant à la place de l'autre et en observant la situation comme au cinéma , en pouvant zoomer sur l'action avec un bouton , pour modifier les couleurs , le sons … En jouant sur ses curseurs , on peut prendre du recul et l'adapter selon notre émotion , ainsi , nous analysons notre comportement et pouvons réfléchir à une nouvelle posture .

QUE FERAIT SUPERWOMANN

Penser à cette personne qui garde le contrôle , vous êtes superwoman . Le dos droit , les pieds bien dans le sol , les jambes écartées , les mains sur les hanches , le regard droit et le menton relevé . Vous portez une " cape d'invincibilité " , imperturbable . Vous êtes calme , concentrer sur l'Inspire et l'Expire .

Les 4 Pourquoi et Comment transformer cette émotion en pensée positive

Concentrer sur l'émotion que vous ressentez et demandez vous pourquoi .
" je suis énervée ? " parce que … cela fait des mois que j'attends : mon traitement , mes analyses …
" cette attente ? " parce que les soignants sont en vacances , que les analyses prennent du temps …. et que j'ai envie de crier ,de partir …. "
" cette envie de crier ? " " Parce que j'ai peur , que je ne sais pas quand je vais pouvoir reprendre le court de ma vie "
"cette peur ? " "Parce que je dois encore travailler et que je ne connais pas la suite de mon avenir professionnel "
"ce sentiment " " Parce que je pense que je suis trop âgée , j'ai perdu mes cheveux , je ne peux plus réaliser certaines tâches … "
"comment je vais pouvoir changer les choses positivement " : En me rappelant que les cheveux vont repousser , que je peux provoquer de nouvelles opportunités , monter un dossier pour un mi temps thérapeutiques , me réorienter et poser une INTENTION ….

INTENTIONS

My list:

BULLET DAY

LU

JU

MA

VE

MER

SA – DI

PRIORITES

HABITUDES

	L	M	ME	J	V	S	D

CHECKLIST

NOTES

DEVELOPPEMENT PERSONNEL

Le développement personnel

Le développement personnel permet de mieux se connaitre , afin de trouver en soi, son chemin de vie , pour devenir la meilleure version de soi même . Avec l'utilisation d' outils " , la mise en place d'actions , des nouveaux schémas de pensées vont se former pour vous permettre d' accroitre votre plein potentiel et l'épanouissement .

Les fiches que je vous partage dans mon journal , m'ont permis de me réconcilier avec mon estime de moi , de trouver, la force chaque jour de faire face à mon cancer . Avec ses supports , j'ai pu booster mon mental, afin de ne pas me laisser abattre , car quand mon corps allait mal ,mon mental était au plus bas mais je refusais de me laisser abattre et je me répétais sans cesse , que pour aller vers la voie de la guérison je devais surtout forger mon mental et mon corps se sentirait par la force des choses , mieux . Au fur et à mesure , j'arrivais à modifier mon schéma de pensées .

Le développement personnel est un bon moyen de compléter une psychothérapie , un soutien psychologique . Vous pouvez avoir les coordonnées des soins supports à l'hôpital , n'hésitez pas à y faire appel , cela est pris en charge dans le cadre d'une ALD .
vous sentez que vous êtes incapable de faire votre auto coaching , vous pouvez à vos frais , faire appel à un coach en développement personnel , pour définir ensemble des objectifs SMART . D'autre part , avec le développement personnel , vous risquer d'ouvrir de nouvelles brèches enfuies dans votre conscient et subconscient . Vous allez devoir regarder , les "démons " que vous avez accumulé durant des années , accepter que des nouveaux changements ce sont présentés avec la maladie (perte d'emploi , diminution des revenus …) Il est important de ne pas être seule et faire appel aux soins supports et au service ERI pour toutes questions relatives à votre quotidien et vos inquiétudes financières (aide d'une assistante sociale …)

avec le cancer et les changements physiques qui s'opèrent avec les traitements , des fêlures supplémentaires peuvent augmenter votre peur et l'image de vous mêmes (perte de poids , yeux cernées , difficulté de se déplacer, perte de cheveux …) , cela demande beaucoup de courage . On doit faire face aux regards des gens , lors des sorties , surtout que parfois , le corps vous rappel à l'ordre (nausées, fatigue , essoufflements …) , booster son mental est indispensable . Ecouter votre corps , et abuser des conseils que je vous donne , je pense que cela peut vous aider à relever la tête .

Les pistes de réflexion et outils que je vous propose , permettent de faire son introspection, de prendre le temps de poser dans un cahier , un Bullet journal de l'estime de soi -votre BULLET DAY (valeurs , compétences , ikigai …) , de planifier des actions (pleine conscience , méditation …) , à communiquer différemment (poser des limites …) , d'être plus douce avec vous mêmes , car que vous le croyez ou pas , il sommeil en chacune de nous , une super womann .

MAIDAY

BULLET DAY

Emma Legay Quint
MAIDAY

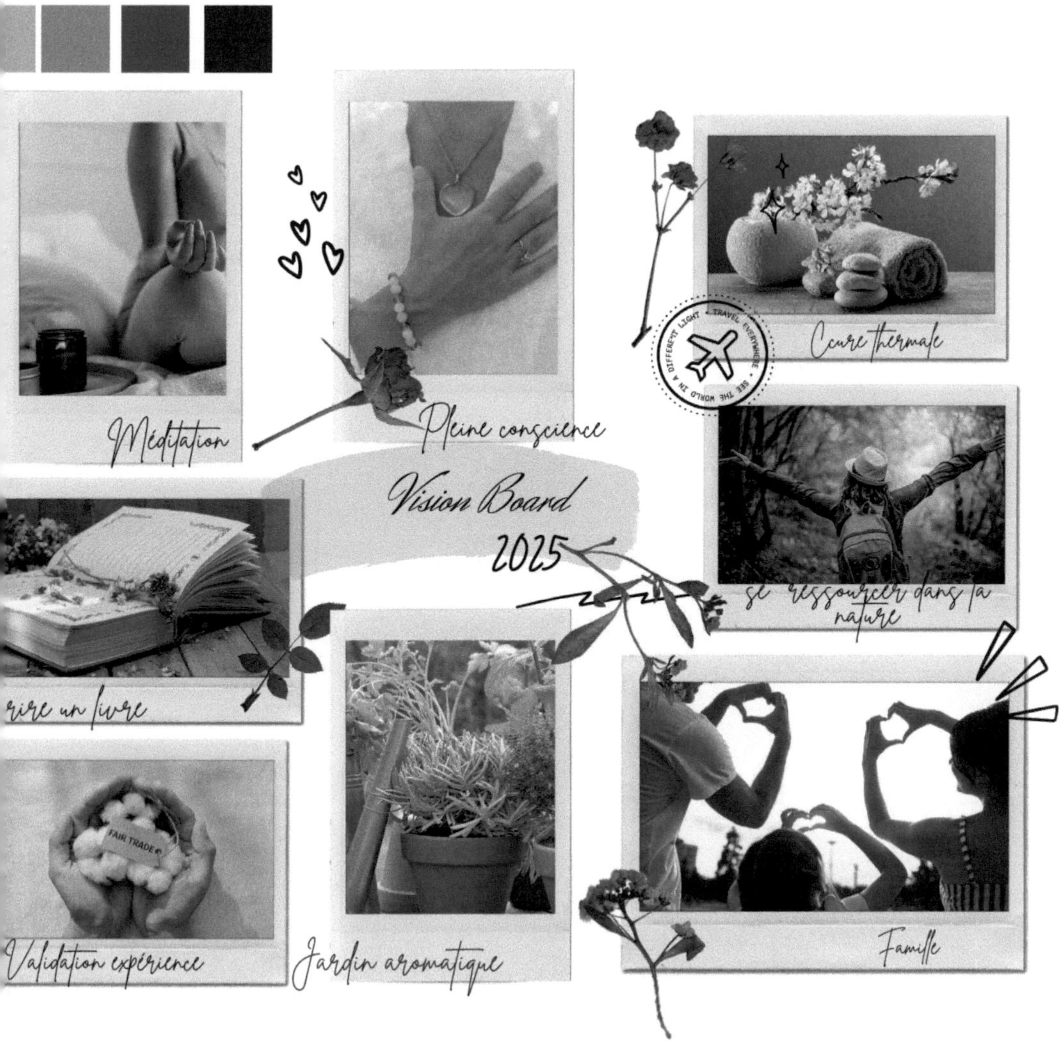

Méditation

Pleine conscience

Cure thermale

Vision Board
2025

se ressourcer dans la nature

lire un livre

Validation expérience

Jardin aromatique

Famille

CARTE MENTALE

VIE PRO

ARGENT

PROJETS

VIE PERSO

FAMILLE

SANTE

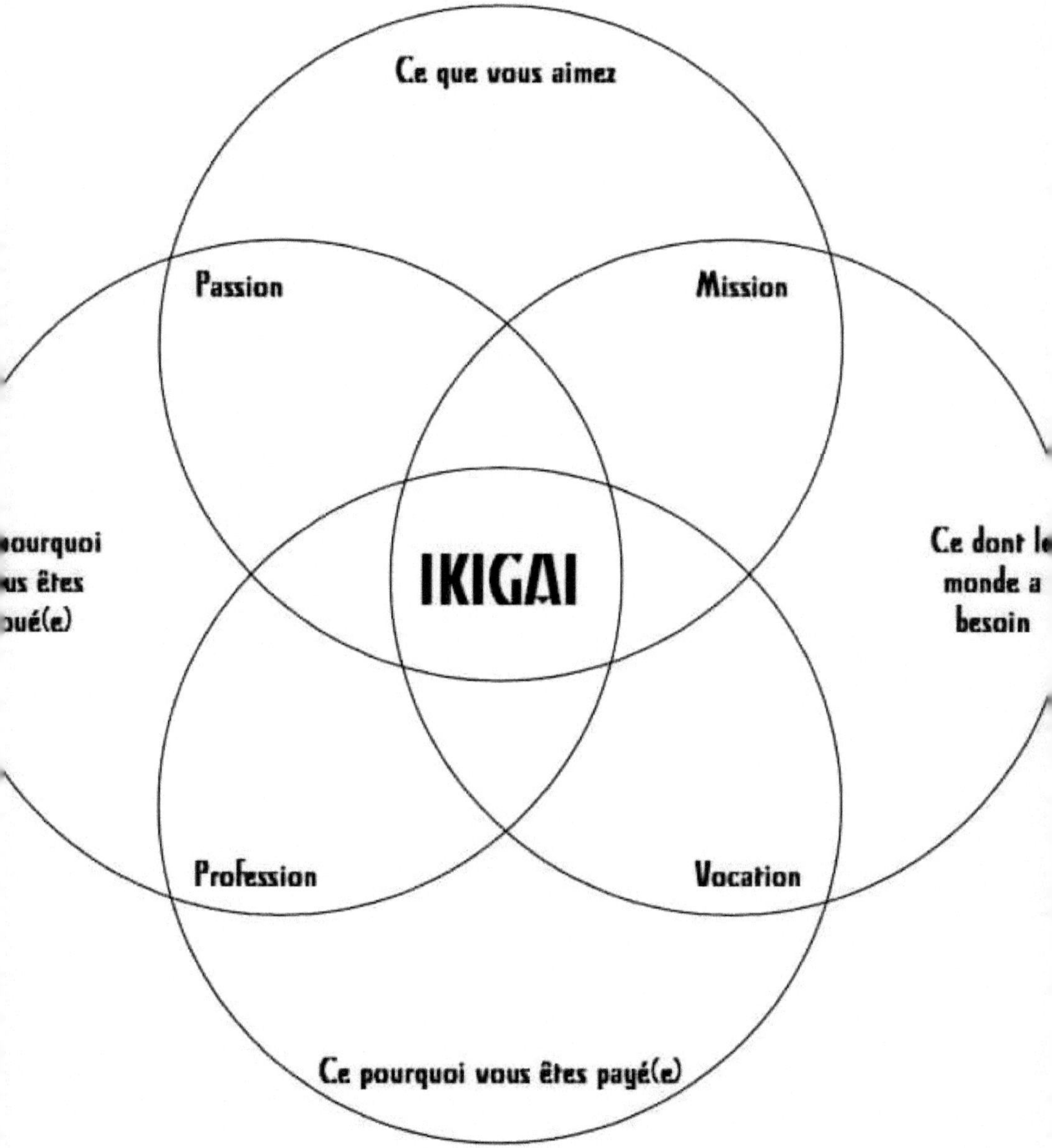

Ce que vous aimez
Passion
Mission
Ce pourquoi vous êtes évoué(e)
IKIGAI
Ce dont le monde a besoin
Profession
Vocation
Ce pourquoi vous êtes payé(e)

LA ROUE DE LA VIE

La Roue de la Vie est un outil puissant pour évaluer et visualiser différents domaines de votre vie. Elle vous aidera à prendre conscience de votre équilibre global et de votre satisfaction dans chaque domaine spécifique.

Cette métaphore de la roue représente votre vie dans son ensemble et vous permet d'identifier les domaines dans lesquels vous êtes épanouis ainsi que ceux qui nécessitent une attention particulière.

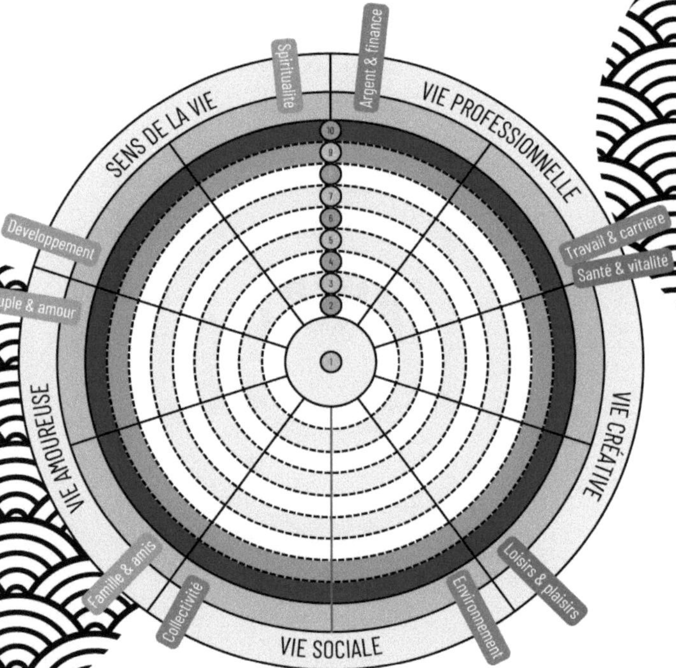

Place chaque pictogramme dans chaque rayon de la roue en fonction de ton ressenti aujourd'hui.
(duplique le pictogramme et place le sur la roue)
Tu pourras modifier ta roue de la vie à chaque étape du programme.

Là où je suis maintenant

Là où je veux être dans 1 an

Là où je veux être dans 3 ans

MON TRACKER DE BONNES HABITUDES

POUR LE MOIS DE :

Méditer 15 mn par jour

Affirmations + Booster son mental

Intentions : Routines quotidiennes

Développement personnel

Art Thérapie 15 mn par jour

Ying : prendre soin de son féminin sacré

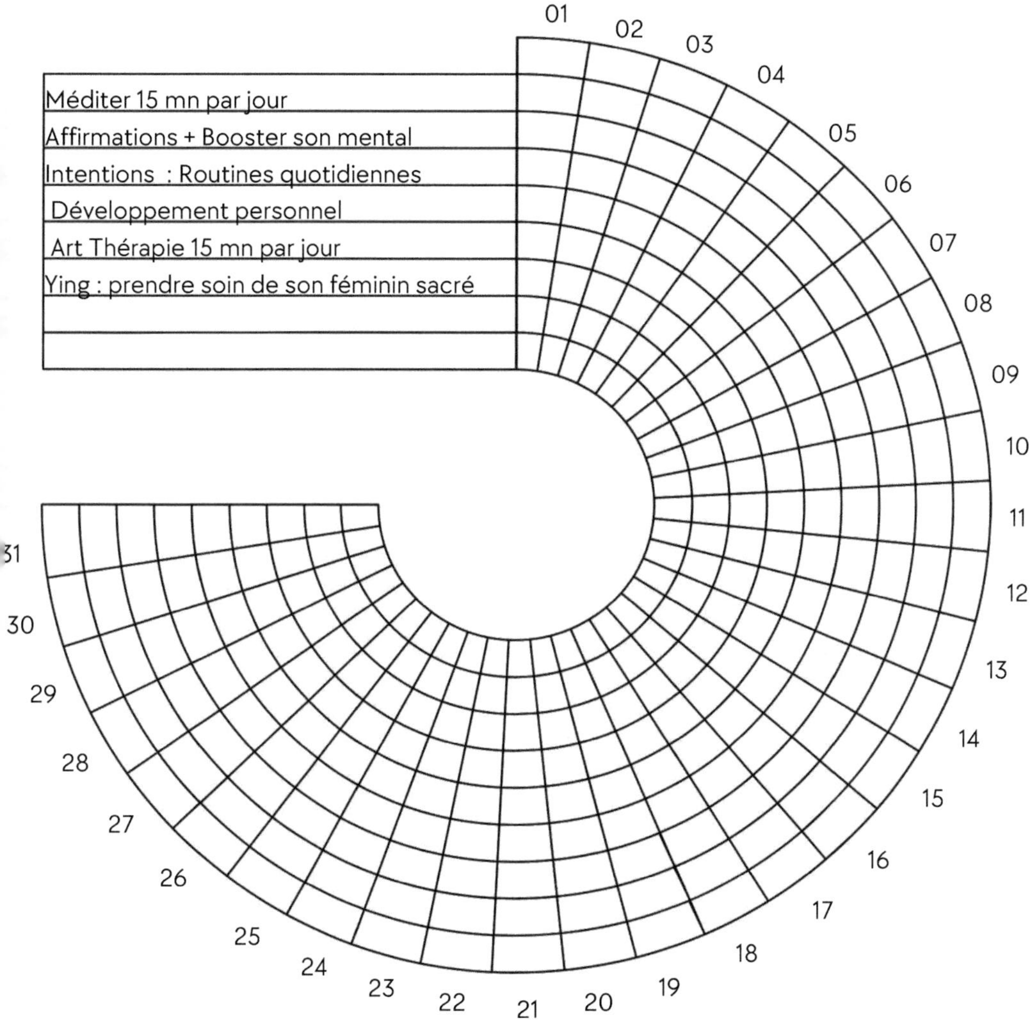

MES NOTES & MES
OBJECTIFS DU MOIS :

MAIDAY

ART THERAPIE

A la rencontre de soi

L'art thérapie est un processus créatif qui induit une forme de psychothérapie . Elle permet à travers l'art ,
d'exprimer ses émotions . La recherche de la qualité du dessin ou son apparence , n'est pas l'objet de la
pratique . Le but est de se libérer , de ne pas porter de jugements , de lâcher prise .
Il existe plusieurs moyens artistiques : le théâtre , la musique , la danse , l'art plastique ... si vous préférez les
utiliser pour éveiller votre expression artistique .

En 2010 , deux revues ont mis en avant que l'art thérapie est un bon moyen d'affronter un cancer , car il
réduit l'anxiété , le stress , améliore la qualité de vie , la croissance personnelle et la capacité d'interaction
sociale .

Je vous partage , mes suggestions et conseils pour réaliser votre journal créatif , ainsi que des exercices que
j'ai pratiqué et qui m'ont été très utile durant mes moments de déprimes , inspirés du journal créatif de
ANNE MARIE JOBIN

Préparation de votre Espace créatif

- Recueillir dans des magasines , des images , des coupures de phrases
Confectionner votre boite à souvenirs : billets de musée , concert ... , timbres , papiers de bonbons ... qui ont
provoqué en vous une émotion
Rassembler , peintures, crayons , pastels ... pochoirs , tampons encreurs ... , feuilles colorées , des chutes de
tissus ... , un carnet à dessin et des pinceaux ,
Votre boite à trésors , votre mallette de créatrice sont votre ancre pour y trouver l'inspiration et des "outils "
pour pouvoir exprimer votre créativité , libérer vos émotions .

- Prévoir un endroit où vous ne serez pas dérangé , pour écouter de la musique , allumer des bougies ...
créer votre cocon , pour pouvoir vous ressourcer . Vous pouvez prévoir un tapis de sol , des boites de
rangements , des petites cagettes , une étagère ... Accrocher des photos des personnes que vous aimez ,
ou de personnes inspirantes ... , Ce lieu est votre " jardin " . De mon côté , j'ai installé des bougies
parfumées , une petite statue de bouddha , des étagères , une table ,des boites colorées , une valise avec
du matériel artistique , des photos de famille , coller un sticker avec une phrase d'affirmation positive ...
des plantes pour créer mon havre de paix .

- Avant de commencer , relaxer vous , faites un peu de gymnastique douce (étirements , yoga
...) pour vous détendre et lâcher prise avant de commencer votre art thérapie .

SUGGESTIONS D EXERCICES

ECRITURE SPONTANNÉE

- Ecrire sans réfléchir sur un thème , une question , une phrase ... qui vient à vous , sans vous soucier de la grammaire , de l'orthographe , ne raturer pas , coucher sur le papier ce que cela vous inspire . Quand vous avez terminé , relire et décrire intérieurement les réflexions que cela vous inspirent .

Vous pouvez écrire
en formant une spirale , en partant du centre de la feuille ou lui donner la forme d'un objet par l'écriture (une tasse , un coffre ...) , une fleur ...
1. une lettre sur une personne fictive ou existante (collègue de travail , personne décédée ...) pour exprimer ce que vous aimeriez lui dire .
2. votre portrait chinois : " si j'étais ... un végétal , un animal ...
3. Un poème ou un HAIKU (poème zen en 3 lignes en référence aux sens

L ART POSITIF

Dessiner le problème , par exemple , pour moi , un col de l'utérus , et le faire parler , en exprimant des solutions pour mieux vivre son cancer et tenir face aux traitements en écrivant autour de votre dessin . Vous pouvez tracer une silhouette et décrire vos douleurs et émotions face à la maladie , puis écrire comment vous pouvez les remercier de vous porter , de vous donner de la force , de découvrir de nouvelles facettes de vous mêmes ...

LE GRIFFONAGE

Faire un gribouillage , écrire votre ressenti , colorer les espaces vides , remplir avec des zentangles (explicatif décrit plus loin) ... laissez parler votre créativité sans réfléchir

LE COLLAGE SPONTANNE

- Etaler vos images , coupures , tissus , souvenirs , photos, phrases ... rassemblés dans votre boite d'inspiration , donnez lui le nom qui vous convient
- Poser et coller les sans réfléchir sur votre feuille
- Agrémenter de pochoir , de tâches de peinture ....
- Laisser parler votre créativité et vos émotions . Faites vous plaisir
- Ne jugez pas votre travail , il est juste le reflet de vos émotions un jour J

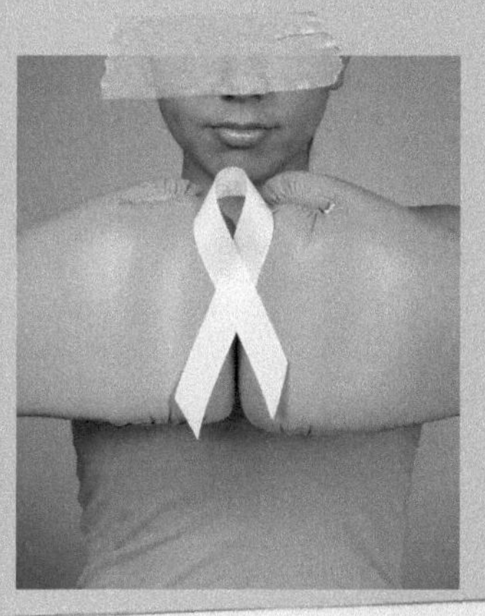

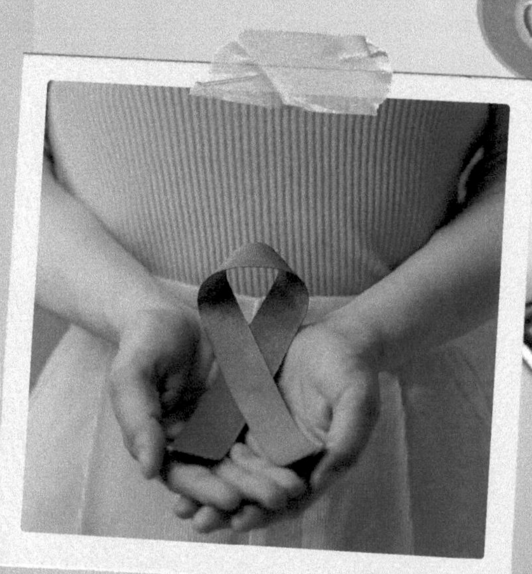

« Tout ce qui ne me tue pas me rend plus fort »

Maiday 2024

LE ZENTANGLE

Mouvement artistique né aux Etats Unis , par Maria Thomas et Rick Robert , qui repose sur 2 mots :
- ZEN : apaisement , tranquilité
- TANGLE : utilisation de formes géométriques répétitives

Le Zentangle , utilise un style bicolore , noir et blanc qui favorise le calme et la pleine conscience . La méthode certifiée CZT , n'est pas l'objet de cette présentation . L'idée est de s'en inspirer pour ses séances d'ART THERAPIE , en réalisant ses propres modèles sur le principe du ZENTANGLE .

L'idée est que vous puissiez trouver dans la répétition de ses motifs , calme et pleine conscience , pour que cela vous procure un moment de relaxation , de lâcher prise et qui stimule votre créativité .

Ci dessous des exemples de modèles , vous trouverez aussi des sources d'inspirations sur You Tube ou des sites qui proposent des tutos .

Ses modèles sont inspirés du Zentangle , car les modèles initiaux demandent de connaitre une base de motifs définis et de suivre un concept validé par une certification .

ART THERAPIE
Ma page

MAIDAY

YIN -YANG

Le YIN et le YANG

Dans la philosophie chinoise et le taoïsme , le Yin et le Yang sont les symboles de la complémentarité et de l'opposition . Le Yin représenté en noir , évoque la femme , la lune … et le Yang le masculin , le soleil …

Cette notion remonte au IIIe siècle avant JC , par le penseur ZOU YAN, sous le modèle du cycle des saisons ou de la variation du temps . Le texte le plus ancien retraçant ce concept date de 168 avant JC , qui établit 22 paires opposés . Cette décomposition binaire , associe le Yang comme le dominant et le Yin au dominé . L'ordre social s'établit , selon ses textes anciens , si le Yang domine le Yin , avec respect et protection ,le Yin , en retour , montrera de la loyauté . De ce courant , naitra les théories du QI (le souffle) ou le Yin et le Yang sont les acteurs fondamentaux de l'équilibre . Le TAI - CHI-CHUAN , qui sera créer à partir de ses théories , permet d'harmoniser les énergies YIN et YANG à travers une gym de santé .

Le féminin sacré décrit plus loin fait référence a cette philosophie et va dans le sens de la préservation de l'Energie YIN et de trouver un équilibre avec cette part de YANG présente en nous .

Le Féminin sacré

Le féminin sacré est une recherche de son essence profonde et sauvage. Elle fait la part belle à des incarnations religieuses comme la Vierge, la Sorcière … pour arriver à honorer, une sorte de gloire à la nature énergétique féminine.

Pour réveiller en nous cette prise de conscience et respecter cette part de nous, afin de guérir et nous transformer, elle invite à faire appel à des préceptes THAOISTE, à l'énergie du YING et du YANG

- ENERGIE DU YING - FEMININ
- -Intuition
- -Créativité
- -Imagination
- -Sensibilité
- -Sensualité
- -Intelligence émotionnelle

- ENERGIE DU YANG -MASCULIN
- -Force physique et mental
- -Justice
- -Détermination
- -Indépendance
- -Protection
- -Logique
- -Raison
- -Sagesse
- -Action

Pour préserver son féminin sacré, cela passe par
La connexion avec soi même
Le développement personnel et la spiritualité

Le psychologue Camille Sfez a d'ailleurs rappeler ,que nous sommes le fruit de + de 5000 ans de patriarcat.

Les pistes et les outils que je vous propose à présent, sont un moyen pour vous, de révéler et accepter " la déesse qui est en vous ":

- D'être en harmonie avec soi même avec le Développement personnel
- De retrouver du lien avec son environnement et sa spiritualité avec la Pleine conscience
- De partir à la rencontre de soi avec l'Art Thérapie
- De prendre soin de soi avec l'Ayurveda et la naturopathie
- Soulager ses émotions avec l'utilisation de Fleurs de Bach

Réveiller votre part de magie

Je vous propose de vous reconnecter à votre part de YIN et de YANG à travers , la confection d'une sorte de bouteille des élémentaires et de la placer dans votre espace , votre "sanctuaire " où vous pratiquez la méditation , l'art thérapie , ...

Le féminin / éléments eau et terre
Le masculin / éléments air et feu

Pour cela , je vais vous demander de faire appel à votre part " d'ombre " , votre "âme de sorcière " , pour honorer cette partie de vous atteinte par une tumeur au niveau de votre col de l'utérus , qui représente le siège , qui permet de donner la vie .

- LA TERRE : représente la Déesse de la générosité , la stérilité
- L'EAU : la Déesse de l'amour , de la capcité de prendre soin de l'autre
- L'AIR : le Dieu de la respiration , de l'intellect et de l'esprit
- LE FEU : le Dieu du soleil et du pouvoir de l'Energie

Placer autour , 4 bougies de couleurs, associés aux points cardinaux
- VERT : NORD - HIVER
- JAUNE: EST -PRINTEMPS
- SUD : ROUGE-ETE
- OUEST : BLEU - AUTOMNE

En se reliant aux élémentaires , on se relie à cette part de soi .

Pour confectionner , cette bouteille , il faudra , lors d'une marche méditative , rassembler un de ses éléments par catégorie

- TERRE : caillou , pierre,
- EAU: coquillage , sable
- AIR : plume
- FEU : charbon , allumette , morceau de charbon de bois

Allumez les bougies et visualisez , en méditant pour les éléments :
- TERRE : un arbre, une forêt , un taureau
- AIR : le vent , un nuage, un papillon , un aigle
- FEU : une flamme , des éclairs , une salamandre
- EAU : océan , rivière, pluie, un dauphin

Laissez vous guider par vos émotions et après avoir visualiser ses 4 éléments , faites la paix avec votre chakra racine au niveau du périnée (voir position sur le schéma page 65) et le chakra sacré au niveau du ventre , pour avoir de la gratitude pour cette organe malade . Vous imaginez que la tumeur est emportée, par les élémentaires évoqués ci dessus . Si vous êtes ouverte d'esprit et n'avez pas peur de cette part d'ombre en vous , laisser là s'exprimer ,car elle a besoin d'être écoutée .

Nous avons toutes peurs de ce que nous ne connaissons pas et qui pourtant fait partie de l'histoire de ses femmes savantes .

Les sorcières ont été persécuté ,à cause de leur relation particulière avec la nature , par l'église au XIIIe siècle . Certaines ont été exécutée sous le motif de sorcellerie , pour leur arracher leur pouvoir d'indépendance , qui possédaient des terres et des richesses . Pour les empêcher d'instruire et les placer sous domination de " leur gardien légal masculin " .

Depuis , la nuit des temps , des femmes herboristes existent depuis la préhistoire . Elles ont transmis leurs savoir de génération en génération , appris reconnaitre les bienfaits des plantes, a savoir, comment les conserver par séchage , en teinture mère , en cataplasme . Les égyptiennes avaient aussi des connaissances , utilisées pour les embaumements .
Ses savoirs faire et la culture des plantes médicinales se sont d'ailleurs développés, dans les monastères au moyen âge , qui sont d'ailleurs, la base de molécules, extraites pour leurs propriétés thérapeutiques modernes .

La médecine et la pratique des simples restent une pratique très secrète .Il existe des livres , dont on a pas souvent connaissance comme par exemple , la parution en 1980 de la brochure des plantes médicinales des simples . Maria Treben y évoque les propriétés de l'ortie , le plantain , le pissenlit …

Elle le souligne d'ailleurs , qu'en cas de maladie sérieuse , il est indispensable de consulter un médecin pour établir un diagnostic et de suivre ses conseils . Il est cependant , utile de s'ouvrir à d'autres médecines douces pour donner ,aussi à notre corps , l'opportunité de se soigner en puisant dans ses capacités d'auto guérison . Il faut aussi , accepter que la médecine traditionnelle , ne résoud pas tout . Si les plantes existent , si la nature , nous offre ses bienfaits , pourquoi , ne pas les utiliser à bon escient

.

Ne réfutons pas cette part de nous , cette magie qui peut par la force de notre mental , nous amener aussi vers la voie de la guérison .

L'AYURVEDA

Ses origines remontent à + de 5000 ans en Inde préhistorique , par les rishis, peuple qui a transmis ses connaissances oralement de génération en génération et dans des textes sacrés : VEDAS . Elle repose sur le concept de la triade védique , sur 3 axes

- SPIRO : le corps
- SOMA: le mental
- PSYCHO : l'esprit

Pour que le corps soit en bonne santé et retrouve l'équilibre , cela implique de travailler sur ses axes , à savoir qu'à la naissance , chaque individu est composé d'éléments issus du cosmos (des étoiles) avec des proportions différentes , qui va constituer notre PRAKRUTI .

Dans les paragraphes qui suivent , je présente sommairement les principes de l'Ayurveda , pour appuyer que depuis des siècles , notre bonne santé repose non seulement de soigner le corps mais aussi le mental et l'esprit . D'autres civilisations ,par la suite vont se baser sur ses connaissances , pour établir des courants philosophiques , médicaux et des traditions ancestrales . L'Ayurveda va s'étendre dans le monde entier , en chine avec le YOGA (issu des ASANAS) , le FENG SHUI (du VASTA SHASTRA) et va permettre la découverte des bienfaits de l'acupuncture (issu des points énergétiques et des CHAKRAS) , le TAI CHI CHUAN …

Le développement personnel fait aussi partie de ce courant , tel que la psychologie positive , les affirmations positives (YAMA) , la méditation ….

Je vous présente ses préceptes pour mieux comprendre et appuyer que la méthode , que je vous partage est adaptée de ses préceptes , Vous pouvez choisir , selon vos convictions , votre éducation , votre culture de lui donner une tournure plus facile à adapter dans votre quotidien .

Pour ma part , je l'ai baptisé MAIDAY en écho à mon histoire personnel et mes choix de vie pour affronter le cancer .

Les concepts de base de l'AYURVEDA réposent sur 3 axes

AXE SPIRO : CORPS

Les éléments à l'origine de la vie sur notre planète , a défini des profils appelés DOSHAS , constitués de 5 éléments , appelés BUKTAS : Ether (le vide) , l'eau, le feu, la terre, et l'air . Il existe dans des proportions différentes , mais sont majoritairement dominant chez 3 doshas . Il peut y avoir également des profils avec 2 éléments majoritaires , 4 ou les 5 dans des proportions identiques . Ses composants vont définir notre silhouette , notre caractère, nos problèmes de santé quand , notre Doshas est déséquilibré , . Si vous voulez aller plus loin , vous pouvez vous rapprocher d'un praticien ou d'un médecin ayurvédique , pour savoir qu'elle est votre Dosha et il pourra vous guider dans cette médecine holistique , selon les pratiques ancestrales .

-VATA / Ether - Eau
PITTA / Feu - Eau
KAPHA / Eau - Terre

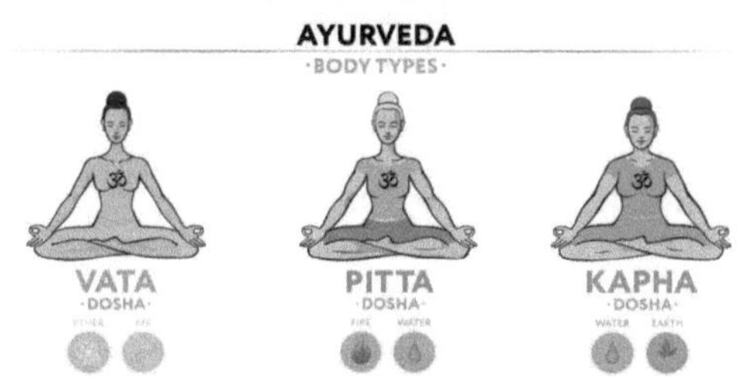

En médecine ayurvédique , pour être en bonne santé , il faut
- <u>un bon sommeil</u> : endormissement rapide, paisible ,profond ,réparateur, avec des horaires convenables , un levé tonique
- <u>un bon appétit</u> : modéré ,sans excès , adapté à son Dosha et de manger en pleine conscience
- <u>un bon transit :</u> digestion agréable ,transit sans douleur, une bonne expulsion des urines (3 à 10 x / J) et des selles (1 à 3 X / J)

Pour ma part ,sur la partie axe SPIRO , ce qui a fait écho en moi , a été de garder au quotidien , certains concepts tel que :
- les DINACHARYA : rituels de la journée , avec l'utilisation de certaines techniques d'hygiène du matin à savoir : l'utilisation d'un gratte langue , le lavage du nez à l'eau salée avec un LOTA , la consommation d'eau citronnée , au lever , comme ma boisson de l'aurore : USHAPAN .
- Les TRATAK , exercices oculaires
- les NAULI : auto massages à l'huile

Il existe bien d'autres techniques que je n'utilise pas , comme l'alimentation adapté à mon DOSHA PITTA . Je préfère me baser sur les préconisations de la NATUROPATHIE , qui est plus facile à mettre en place au quotidien et qui est plus souple , pour une adepte du régime flexitarien .
Je ne pratique pas les exercices de respirations , les PRANAYAMAS .Pour la médecine douce , j'utilise l'aromathérapie , l'homéopathie et les fleurs de BACH , plutôt que les plantes AYURVEDIQUES (difficile à trouver , chères , aux gouts désagréables , selon mes critères).

Chacun choisit en fonction de ses envies , le principal est d'instaurer un moment de bien être, pour prendre soin de soi et d'en faire un rituel . Des recherches ont prouvé que de mettre en place une nouvelle pratique pendant 21 jours , devient ensuite une habitude .

La pratique du YOGA est un bon moyen de retrouver de la souplesse , je préfère la GYM douce ou le Stretching , qui correspondent , plus à mes besoins . En Ayurveda , il existe des postures très utilisées au quotidien en Inde ,à savoir la salutation au soleil et à la lune , en fonction des heures de la journée . Je vous mets , plus loin , un modèle d'enchainement accessible , de la salutation au soleil pour les débutants .

LES TRATAKS

RESUME DE LA SALUTATION AU SOLEIL
AVEC RESPIRATION
1 EXPIRER
2 INSPIRER
3 EXPIRER
4 INSPIRER
5 STOP
6 EXPIRER
7 INSPIRER
8 EXPIRER
9 INSPIRER
10 EXPIRER
11 INSPIRER
12 EXPIRER

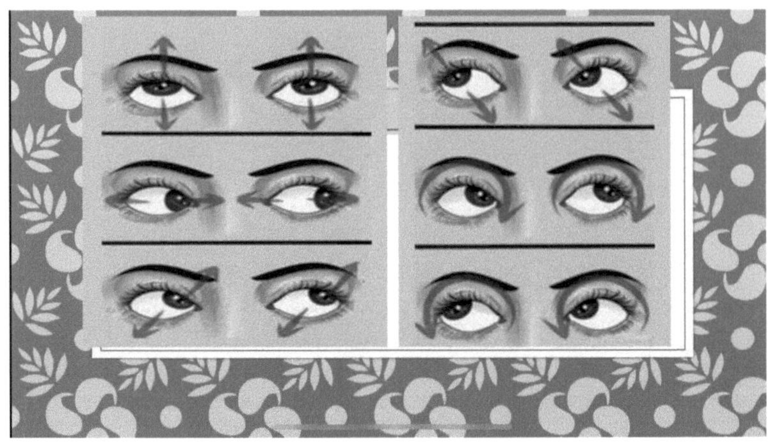

Il repose sur la gestion des émotions .Pour ma part , j'utilise celle , que j'ai évoqué , dans le chapitre :
Apprendre à gérer ses émotions .
La pratique de la méditation et de la pleine conscience , chaque jour , reproduite sur une longue   durée ,
permettent , sur le long terme ,d'avoir un effet extrêmement bénéfique, sur la gestion des émotions . Vous
pouvez opter pour une pratique plus accessible , comme la cohérence cardiaque . Vous pouvez aussi
utiliser la méthode des GI pour gérer le stress , 4 X 4

4 s INSPIRATION
4s je retiens ma respiration
4s EXPIRATION
4S je bloque ma respiration

Vous pouvez visualiser cette méthode sous la forme d'un carré .

AXE PSYCHO : ESPRIT

Cela consiste dans la pratique de la méditation ,afin de déverrouiller les chakras , de la psychologie
positive ,avec l'utilisation, pour ma part , d'affirmation positive , le développement personnel , la pleine
conscience et l'art thérapie

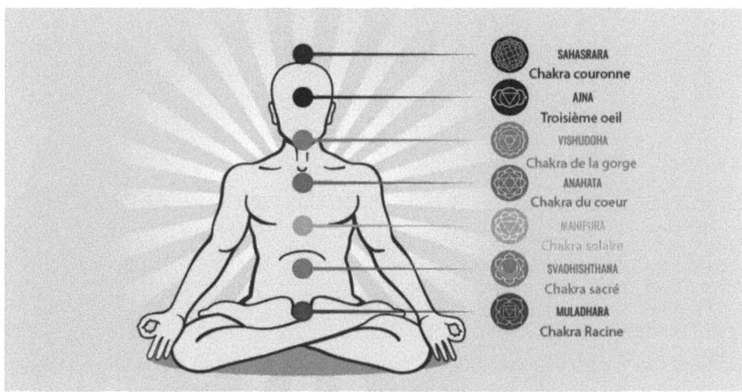

LA NATUROPATHIE

Héritière d'Hippocrate , Ve siècle avant Jésus Christ . C'est l'allemand Benedict Lust (1870-1945) qui fonde officiellement la 1er école de naturopathe aux Etats Unis en 1902. La formation proposée dure de 2 à 4 ans . Elle enseigne : l'hydrothérapie , l'herboristerie, la physiothérapie, la psychologie …

Elle a été reconnu par l'OMS comme la 3eme médecine traditionnel au même titre que la médecine chinoise et Ayurvédique , qui prend en considération tous les aspects de la personne . L'objectif visé est de permettre au corps , l'auto guérison .

La naturopathie repose sur 4 piliers qui sont :
- Primum non nocere : ne pas nuire
- Vis medicalix naturae : pouvoir d'auto guérison
- Tolle causam : découvrir et traiter la cause
- Docere : enseigner qu'il existe des interactions sur le plan physique,mental , émotionnel et spirituel .

Les techniques utilisées sont :
- la nutrition
- l'excercice physique
- la gestion du mental

Elle fait appel à :
- la balnéothérapie
- l'aromathérapie
- la phytothérapie

ATTENTION : c'est une médecine complémentaire qui ne substitue pas , à la médecine traditionnelle , surtout dans le cadre d'un cancer ou de certaines pathologies . En plus , certaines pratiques nécessites , des connaissances .Dans le cadre de l'aromathérapie , il faut savoir , qu'il y a des plantes ,qui peuvent être contre indiqué ou diminuer , voire supprimer , l'effet d'un traitement médical . N'utilisez pas , seule , les connaissances que vous avez pu glaner , demander un avis à votre médecin , votre oncologue … pour vous assurer , que votre traitement de chimiothérapies ou vos médicaments , ne vont par faire des interactions des plantes .

Pour ma part , dans ce manuel , je n'évoquerais que l'utilisation des fleurs de Bach .

CONSEILS ALIMENTATION SELON LA NATUROPATHIE

En ce qui concerne l'alimentation , je vous partage quelques conseils , mais surveiller bien , selon vos effets secondaires , la liste des aliments à éviter , que l'infirmière support ou la diététicienne , vous a remis , lors de votre protocole de soin . Vous pouvez par contre , adapter cette liste , selon les aliments autorisés , afin de pouvoir utiliser les règles ci- dessous .

Il y a des aliments que l'on peut consommer sans risque , si vous n'avez pas d'allergie particulière ou d'intolérance , ou si elle risque d'accentuer les effets secondaires des traitements .

Voici à présent , quelques " secrets de la naturopathie " qui sont déjà connus , reconnus ,

manger sainement , locavore (locale , bio)

Abuser des légumes à 80 % d'origine végétale , avec beaucoup de légumes verts et à feuilles , des fruits de saison , des algues et des oléagineux (amandes , noisettes, sésame , graines de lin …).

Consommer des céréales et des légumineuses (riz, maïs, quinoa, épeautre ,sarrasin ….) Eviter de consommer trop de blé ,pour réduire l'apport en alpha- gliadine , responsable souvent de ballonnements, douleurs digestives … privilégier , si vous avez le droit , les céréales complètes .

Pas plus de 20% de protéines animales (oeufs , viande , fromages) attention en chimiothérapie , il faut privilégier les fromages à pâte dur .

Boire de l'eau pure en priorité , plutôt que du café ou du thé

Consommer des aliments à Indice glycémique bas

Prendre un petit déjeuner salé

Remplacer les desserts , par des fruits . Par contre , si vous avez perdu beaucoup de poids, à cause des traitements , votre diététicienne , vous encouragera , à consommer des pâtes de fruit , des flans , du chocolat … Suivez ses conseils , car dans ses cas là , il faut reprendre des forces .

Manger plus " vivant " , des jus de légumes ,smoothies , des légumes lacto- fermentés . Ajouter des herbes aromatiques

Consommer de bons acides gras , à raison de 90% de polyinsaturés (avocats, beurre, fromage ,olives …), des oméga-6 (huile de première pression à froid) , les poissons gras riches en oméga 3 (maquereau ,sardine ,hareng

Réduire les produits laitiers de vache , plus difficile à digérer que le lait de brebis ou de chèvre

Limiter les aliments salés et l'apport de sel , relever vos plats avec des épices

Privilégier des modes de cuissons vapeur

Eviter les FODMAD (lentilles , pois chiches ,les choux , les oignons …)

Rester à l'écoute de votre corps

Pour les jours de chimio , je vous propose de vous préparer :

. Une bento : pour le salé

.un aica bowl : pour le sucrée

En général , vous pouvez avoir un en cas froid : pain , compote, fromage à pâte dur .

Il n'est pas possibilité de faire chauffer un plat .

BENTO

INGREDIENTS

Petits dés de carottes cuites
Petites tomates
Des radis roses
Du riz
1 oeuf dur
Aux choix :
des dés de fromage ou de saumon ou
de jambon

Assaisonnez d'huile d'olives, de jus de
citron , d'épices et d'herbes
aromatiques . Vous pouvez agrémenter
de câpres , ou d'olives ... Faites vous
plaisir , selon vos envies et les aliments
autorisés durant le traitement

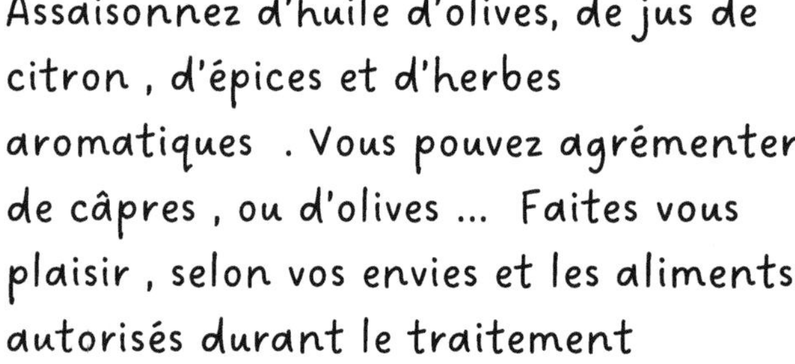

AICA BOWL

‚REDIENTS

nane
ourt de brebis ou de soja
ignée de fruits rouges surgelés
s de miel
s de graines de chia ou de poudre
ça (en magasin bio)

PING
omme
u de noisettes ou de morceaux de
iola

r dans le blender, les ingrédients
ase et déposer les topping

MON PANIER

Bien se préparer pour préserver "sa fleur "

Les traitement du cancer et les attentes sont longs . Nous cogitons beaucoup durant cette période , et bien se préparer est important , pour faire face, aux éventualités des effets secondaires .

Je vous liste les effets indésirables et réactions du corps face à la toxicité des produits et des traitements

- Nausées -vomissements
- Aphtes
- Diarrhées
- Constipation
- Perte de goût ou modification du goût
- Perte ou prise de poids
- Difficulté à avaler
- Frissons (baisse des globules blancs , ! diminution des anticorps)
- Transpiration excessive

Avec la radio thérapie peuvent s'ajouter (souvent réfuter par les services) , des symptômes autres . Cette liste est le constat de plusieurs échanges avec des patients ayant effectuer une radiothérapie . Elle varie d'un patient à l'autre .

- Fatigue
- Essoufflements
- Douleurs articulaires -difficulté à marcher et tenir longtemps une posture debout
- Apparition d'hémorroïdes
- Brulures au niveau des intestins et de l'estomac
- Crampes d'estomac
- Diminution voir une destruction de la flore intestinale
- Selles rouges ou noires dans certains cas

Pour cela , je propose mon kit de " survie " , avec une liste de matériel , qui m'ont aidé au quotidien , afin d'avoir facilement et rapidement , accès à ses objets et installations

MES KITS DE "SURVIE"

NE PAS OUBLIER...

SANITAIRE

Cuvette
Seau
Plaid
Bouillote
Chaise - aménagement pour pouvoir se laver dans la douche ou la baignoire
Un peignoir -serviette spéciale cheveux
Des paniers (rangement foulards)
Tête en plastique pour poser sa perruque
Une Vanity (produits de beauté)
Des boites pour les médicaments - pansements (Elivie)
Nécessaire de ménage (javel , éponge...)

CUISINE

Riz
Pâtes
Carottes
Bananes
Collations : prévoir petites boites avec fruits secs , morceaux de fromage , chocolat , biscuits
Thé - eau : investir dans une thermos

HOPITAL

Livre - Magasine
Mots fléchées -stylos
Casque audio - téléphone ou tablette
Thermos
Petite glacière : pour les collations ou repas
Sous vêtements de rechange en coton
Serviettes hygiéniques
Pull ou gilet ou plaid
Pochette plastifiée pour ranger ses examens médicaux
Masques chirurgicaux (Covid) -sac à vomi et alaise (voir avec le VSL) , gel hydroalcoolique , mouchoirs , lingettes
 Une petite trousse à pharmacie
Une pochette pour ranger ses cartons de rendez -vous -Agenda
Jolie sac four tout

SI HOSPITALISATION

Prévoir l' achat de pyjamas ou chemises de nuit et une paire de chausson , des sous vêtements en coton , des chaussettes , une valisette , votre trousse de toilette

My list:

○
○
○
○
○
○
○
○
○

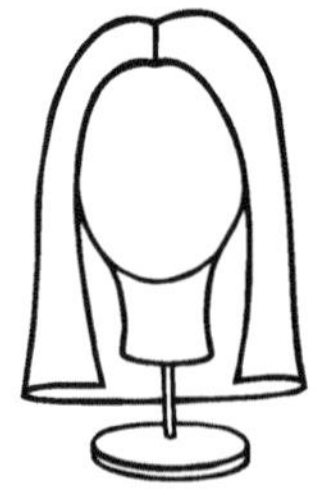

Prendre soin de sa jolie fleur

La chimiothérapie peut affecter la peau , les ongles ,les cheveux , les cils et les sourcils . La socio esthéticienne est là , pour *vous accompagner* , vous prodiguer des conseils pour *vous maquiller* ,vous donner des échantillons . Selon les effets rencontrés , elle peut *vous proposer des soins individuels et vous offrir* , deux bonnets, confectionnés par les bénévoles d'Octobre Rose .

Voici quelques conseils qui *vous seront* aussi apportés pour :

LA PEAU :

1.Nettoyage du *visage* : utilisation 1 à 2x/ j (lait ou lotion ou pommade démaquillante ou eau micellaire), appliquez un baume à lèvres (sèche facilement) pour le du corps : avec un savon doux ou surgras

2.Hydratation du *visage avec* une crème hydratation matin et/ou soir , pour le corps avec Dexeryl ou Cérat de Galien , pensez à *vos main* , la plante des pieds

3. Protection solaire : appliquez une crème indice 50 sur la peau selon l'exposition

LES ONGLES

Protéger les avec un *vernis* au silicium (disponible en pharmacie) , hydrater *vos* cuticules avec une huile *végétale* (ricin , amande douce, argan)

LES CHEVEUX

Si *vous* les perdez , appliquez de l'huile d'argan et mon conseil , anticiper en *vous* coupant les cheveux assez court , dormez avec un bonnet de chimio . Vos cheveux après la chimiothérapie repousse à raison de 1 cm / mois . Si l'oncologue , *vous* prescrit une perruque , une prise en charge est prévu en ALD (prise en charge infos ci dessous) . Vous pouvez choisir une perruque complète ou une franche , selon *votre* envie et l'acceptation . Je pense qu'il est bon de privilégié une ou deux solutions

Personnellement , quand je sors en publique , j'ai ma perruque frange , agrémenté d'un turban que je peux transformer en bandeau . Et , j'ai des bonnets de chimio pour la maison , car la perruque ou le bandeau peut donner chaud ou gratter ou je me promène tête nu . Vous pouvez consulter à l'espace santé ERI présent dans les hôpitaux un catalogue ,tester des modèles de prothèse , de franches ... et obtenir la liste des perruquiers .

Les associations " De fil et de coeur "- " Les foulards de Sophie " y offrent des bonnets , des turbans

PROTHESE DE CLASSE 1 / 350 € + Accessoires textiles par la SS
PROTHESE DE CLASSE2 / 700 € + 250 € par la SS
Accessoires : 20 € foulards
PROTHESE capillaire partielle (frange) 125 €
PROTHESE CHEVEUX naturels non remboursable (*voir* avec sa complémentaire santé)

! Pas de coloration permanente pendant la chimio , toléré coloration *végétale*
Repousse 3 à 6 mois après la fin de la chimio

Pour ma part , j'ai eu un faible pour les turbans du site

https://www.foudre-turbans-shop.com

Je peux le transformer, en bandeau pour la perruque ou après la repousse des cheveux sur ma nouvelle chevelure . La texture et les couleurs sont au top .

MA TROUSSE BEAUTE

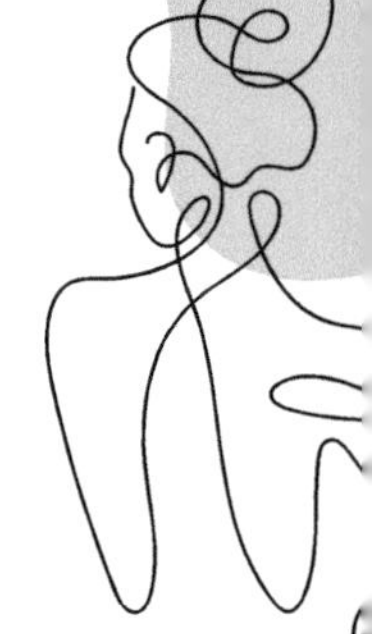

ONGLES

- Réparateur soin des ongles -EVAUX
- Huile de ricin - SO BIO - LEA NATURE

MAQUILLAGE

- Fard à paupière : The blushed Nudes - MAYBELLINE
- Poudre soleil - BIG BRONZER - NOCIBE
- Eau micellaire pure menthe - YVES ROCHER

Tattoo Liner - MAYBELLINE
- Anticerne Cover concealer- NOCIBE
- Crayon à sourcil et liner - Natural Kajal- BENECOS
- Mascara -MEME
- Gloss -C'est Tout Moi! - MISS EUROPE
- BB Crème 5 en 1 - FLORAME

CHEVEUX

- Shampoing à l'ARG Fleurance nature - COSMOS ORGANIC
- Huile capillaire d'Arg LEA NATURE - NATESSANCE

MAINS

- Soins au karité - FLEURANCE NATUR
- Macérat huileux de Carotte (tâches de vieillesse) -FLORAM

VISAGE

- Eau florale de rose MELVITA
- Serum visage à l'a hyaluroniquz - COSMETIC QUICK
- Eau thermale - AV
- Intens protect -AV
- Contour des yeux lèvres - FLEURAN NATURE
- Crème anti -âge - Précieux Argan - S
- BAUME Multiusag MEME

MASQUE

Nectar pur - MELVITA

LEVRES

- Baume - URIAGE

GEL INTIME
- GYN-8- URIAGE

MISE EN BEAUTE

HYDRATATION PEAU

-Eau florale de Rose -MELVITA
Ou
-Eau thermale -AVERNE

Crème Anti -âge- Précieux Argan -SO BIO

Ou

Le baume multi usages - MEME

SOINS DES YEUX

Contour des yeux et lèvres anti-rides :Elixir Royal- FLEURANCE NATURE

SOINS DES LEVRES

Baume lèvres - URIAGE

SOINS DES MAINS

Au karité - FLEURANCE NATURE

CAMOUFFLAGE

Anticerne medium cover- NOCIBE

BONNE MINE

7 BB CREAM 5 en 1 FLORAME

8 POUDRE SOLEIL

Big Bronzer - NOCIBE

9 SOURCILS

- Crayon à courcil - LANCOME

10 PAUPIERES

- Fard à paupière : The Blushed Nudes - MAYBELLINE

11 TRAIT REGARD

- Tatoo liner -MAYBELINE
- Crayon - Natural Kajal - BENECOS

12 ILLUMINER LE REGARD

- Crayon blanc - C'est Tout Moi - MISS EUROPE

13 CILS

Mascara - MEME

14 LEVRES

Rouge à lèvre -LOL Ou

Gloss Volume - C'est Tout Moi - MISS EUROPE

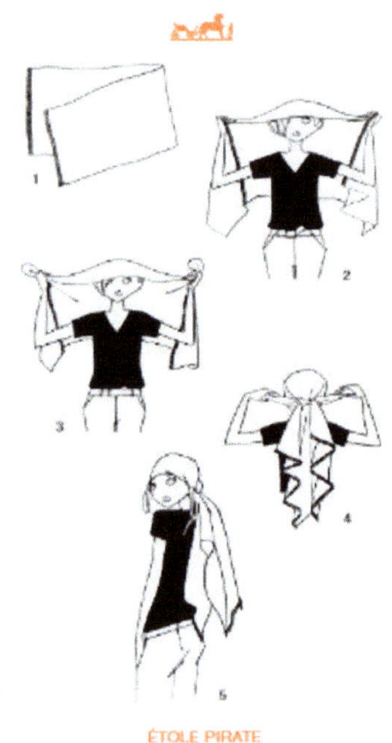

ÉTOLE PIRATE

LES FOULARDS

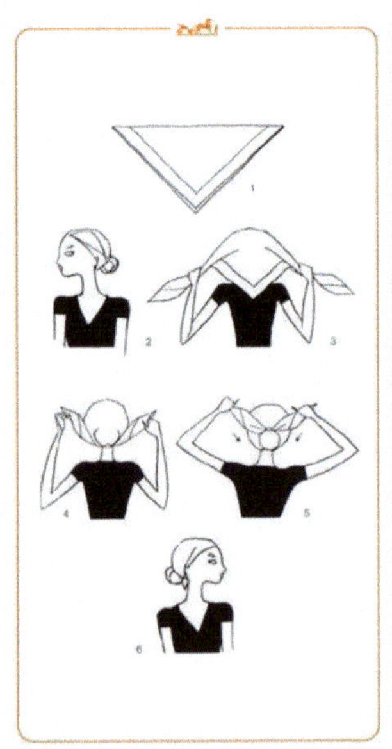

LES TURBANS ET FRANGES

JOURNAL SANTE

<table>
<tr><td colspan="3">DEBUT TRAITEMENT</td></tr>
<tr><td colspan="3">DATE:</td></tr>
<tr><td colspan="3">POIDS</td></tr>
<tr><td>1</td><td>TOUR POITRINE CM</td><td></td></tr>
<tr><td>2</td><td>TOUR DE TAILLE</td><td></td></tr>
<tr><td>3</td><td>TOUR DE HANCHE</td><td></td></tr>
<tr><td>4</td><td></td><td></td></tr>
<tr><td>5</td><td></td><td></td></tr>
<tr><td>6</td><td></td><td></td></tr>
<tr><td>7</td><td></td><td></td></tr>
<tr><td>8</td><td></td><td></td></tr>
<tr><td>9</td><td></td><td></td></tr>
<tr><td>10</td><td></td><td></td></tr>
</table>

<table>
<tr><td colspan="3">APRES TRAITEMENT</td></tr>
<tr><td colspan="3">DATE:</td></tr>
<tr><td colspan="3">POIDS</td></tr>
<tr><td>1</td><td>TOUR DE POITRINE</td><td></td></tr>
<tr><td>2</td><td>TOUR DE TAILLE</td><td></td></tr>
<tr><td>3</td><td>TOUR DE HANCHE</td><td></td></tr>
<tr><td>4</td><td></td><td></td></tr>
<tr><td>5</td><td></td><td></td></tr>
<tr><td>6</td><td></td><td></td></tr>
<tr><td>7</td><td></td><td></td></tr>
<tr><td>8</td><td></td><td></td></tr>
<tr><td>9</td><td></td><td></td></tr>
<tr><td>10</td><td></td><td></td></tr>
</table>

Liens et informations utiles

Quand parler de mes problèmes de santé à mon employeur ?

Quand votre problème de santé impacte la réalisation de votre activité professionnelle, vous pouvez entamer une discussion avec votre employeur en lien avec le médecin du travail. Le plus important est d'évoquer vos besoins au regard de votre problématique santé, d'établir le dialogue et une relation de confiance avec votre employeur.
Ce contact peut s'établir à tout moment (en poste, en arrêt, à l'embauche). En parler, c'est vous permettre d'éviter une aggravation de votre état de santé et d'entamer une démarche de recherche de solutions pour répondre à vos besoins.
Lors d'un arrêt maladie : pour préparer au mieux votre retour au travail, le médecin du travail peut être un atout précieux. Lors de la visite de pré-reprise, vous pourrez étudier avec lui les conditions de reprise ou d'adaptation de votre activité : aménagement ou adaptation de votre poste de travail, aménagement de votre temps de travail, reconversion professionnelle, etc.
À noter : votre employeur ou votre service des ressources humaines n'ont pas accès à vos informations médicales. Aussi, même après votre arrêt maladie, vous ne serez pas obligé de répondre à des questions sur votre situation médicale.

Faut il prévenir la médecine du travail de son état de santé ?

Rien ne vous oblige à parler de votre état de santé au médecin du travail.
Cependant, il est préférable de le faire ,car ce médecin établit les recommandations concernant vos besoins d'aménagement ou l'arrêt de votre activité.
Ce professionnel de santé est soumis au secret médical. Il pourra, par exemple, dire à votre employeur ,si vous êtes aptes ou non à exercer votre emploi , mais ne pourra pas expliciter les raisons.

Comment sont pris en charge les frais de soins du cancer ?

Le cancer est considéré comme une maladie invalidante , qui permet par la reconnaissance d'une ALD (Affection Longue durée) de bénéficier d'une prise en charge à 100 % des soins , par contre , elle ne prend pas ceux prescrits en dehors du protocole . La mise en place est faite par le médecin traitant par le biais d'un formulaire qu'il adresse au médecin conseil de la CPAM pour accord . Une fois la demande validée , une remise à jour de la carte vitale est nécessaire . Elle est valable 6 mois . Vous trouverez plus de détails en consultant sur internet le lien suivant

- https://www.ameli.fr : rendez vous dans l'onglet des Affections longues durées

Je suis en arrêt de travail , en situation invalidante et ne peux retravailler , comment cela se passe t'il ?

Plusieurs cas peuvent se présenter selon votre situation , si vous êtes

1. En CDI , vous pouvez demander un mi temps thérapeutique ou un aménagement du temps de travail . Vous devrez rencontrer le médecin du travail . Vous percevrez des IJ (indemnités journalières) par la Sécurité Sociale , vous pouvez suivre les versements sur votre compte Ameli . Toutes les informations utiles dans le lien

https://www. demarchesadministratives.fr/demarches/mi-temps-therapeutique-condition-duree-avantages

2. En CDD , durant la période du contrat , en arrêt de travail , vous pouvez obtenir un maintien de salaire selon les conditions de la Convention Collective ou percevoir des IJ / la Sécurité sociale

3.Demandeur d'emploi , vous pouvez percevoir sous conditions des allocations chômage . Attention toute fois , dans certains cas , si vous ne pouvez pas travailler , vous pouvez selon vos périodes de travail , sollicité des IJ . Il faut faire la demande et transmettre les justificatifs de période de travail .
Si vous n'avez pas le droit à des aides , demander à rencontrer une assistance sociale . l'infirmière d'oncologie , vous remet normalement , la liste des services à contacter

https: //www.francetravail

4.Etudiant - retraité , consultez et voir si vous avez droit à une RQTH , lien utile

https://www.monparcourshandicap.gouv.fr/aides/mdph-en-ligne

- LIGUE CONTRE LE CANCER :

-Présence d'une assistance sociale pour : recueillir , écouter , évaluer vos besoins . Vous apporter des informations utiles relatifs à vos droits et aides financières (logement, éducatives

-Présence d'un psychologue du travail :pour vous accompagner dans le retour et le maintien à l'emploi (temps partiel, RQTH) , travail sur le projet professionnel

- LE DISPOSITIF D APPUI A LA COORDINATION

Pour avoir des informations , être orienté vers des offres de services , la coordination entre les professionnels et le médecin traitant

- FRANCE SERVICES

Espaces dédiés pour vous aider dans la rédaction de courriers , la compréhension de documents administratifs et juridiques , vos démarches administratives et/ou numériques

- MDPH

Votre maladie peut être limitante (force , mouvement ,douleur ...) , ce qui peut conduire à une demande de RQTH (Reconnaissance de Qualité de Travailleur Handicapé .

Ci dessous , je vous met un lien

Comment sont calcules les Indemnités journalières , montant , délais ... ?

- Si vous êtes salariée ou indépendante , vous percevez des IJ durant votre arrêt de travail .
Pour en bénéficier , il faut avoir au moins travaillé 150 heures sur 3 mois avant l'arrêt de travail ou cotisé sur un salaire au moins égal à 1015 X le SMIC horaires au cours des 6 mois précédent .
-Si vous êtes saisonnière ou avait travaillé en discontinu , le calcul se fera sur 12 mois
-Si vous êtes en chômage , c'est la dernière activité qui permet de faire le calcul . Les bénéficiaires du RSA ne touche pas IJ .

Si votre arrêt dure + de 6 mois , vous devez justifier d'une affiliation à la CPAM d'une durée de 1 an , de 600 heures travaillés ou de cotisations sur un salaire de 2030 X SMIC horaire au cours de l'année précédant l'arrêt . Au delà de 3 ans d'arrêt de travail , le médecin conseil étudiera une demande e pension d'invalidité .

Le calcul des IJ correspond à 50% du salaire journalier de base , sur la moyenne des salaires bruts de 3 mois ou 12 mois , selon votre situation . Elles sont plafonnées à 52.28 € (en 2025) . Si vous avez un contrat de prévoyance souscrit auprès de votre employeur , le montant peut être plus important .

Les IJ sont versées tous les 14 jours à moins que l'employeur fasse le relais et vous verse votre salaire habituel . La Sécurité sociale versera les IJ à l'employeur dans ce cas . La carence est de 3 jours n'est pas appliqué en cas d'ALD

Est ce que les IJ comptent pour mes cotisations retraite ?

- La bonne nouvelle , les IJ permettent la validation de trimestres retraites . Elles sont en plus défiscalisées , donc pas d'impôt à payer sur ses sommes

Comment se passe la reprise d'activité professionnelle en fonction de mon état de santé ?

vant de reprendre votre activité professionnelle, une visite médicale de reprise est organisée par votre employeur et lors de cette visite médicale, le médecin du travail jugera votre aptitude à reprendre votre travail. Par ailleurs, si l'examen de pré-reprise est obligatoire pour les seuls salariés en arrêt de travail d'une durée de plus de 3 mois, sachez que, en deçà de 3 mois, vous avez la possibilité de solliciter le service de santé au travail pour organiser une visite de pré-reprise.

Reprise de l'activité professionnelle ou allocation liée au handicap en cas de cancer

otre médecin traitant peut prescrire une reprise du travail à temps partiel s'il le juge nécessaire pour votre santé. Au final c'est la CPAM qui décide de votre capacité à reprendre votre activité professionnelle.

Si le retour au travail n'est plus possible suite à un cancer qui vous a fait perdre certaines fonctions essentielles, vous pourriez bénéficier d'une reconnaissance de la qualité de travailleur handicapé, RQTH. Les démarches se font auprès de la MDPH de votre département.

De la même façon, si vous êtes en situation de handicap et que vous présentez une perte d'autonomie importante liée au cancer vous pouvez, sous conditions, prétendre à la la Prestation de compensation du handicap, PCH. Cela peut vous permettre de financer certains aménagements (logement, véhicule....). Cette aide financière relève également de la MDPH.

Enfin, en fonction de la gravité du cancer et des séquelles, l'accès à l'AAH peut être possible. Si votre taux d'incapacité est compris entre 50% et 79%, l'allocation peut vous être accordée sous condition de restrictions sévères et durables à l'emploi. e dossier doit être déposé auprès de la MDPH, avec des justificatifs médicaux détaillant l'impact du cancer sur la capacité à travailler et à mener une vie autonome. Il est important de se renseigner rapidement, car l'étude du dossier peut prendre plusieurs mois.

Est ce que je peux avoir une aide à domicile ?

En ALD , vous pouvez avoir droit à une aide à domicile pendant 3 mois , renouvelable . Il faut en faire la demande auprès de la CPAM

Aide de la CAF pour un cancer : retour ou maintien à domicile

Si le cancer réduit votre énergie et limite votre capacité à gérer votre espace de vie, vous pouvez prétendre à bénéficier d'une aide ménagère ou d'une aide à domicile pour vous aider dans les gestes de la vie quotidienne. Si vous avez des enfants, une technicienne de l'intervention sociale familiale (dite travailleuse familiale) peut vous soulager en s'occupant d'eux.

Si c'est votre enfant qui est concerné par un cancer, vous pouvez bénéficier d'une allocation journalière de présence parentale, AJPP, pour être à ses côtés.

L'accompagnement d'un proche victime d'une perte d'autonomie en lien avec le cancer vous permet de percevoir, sous conditions, l'allocation journalière de proche aidant, AJPA.

Que prévoit mes contrats d'assurance en cas de cancer ?

LA COMPLEMENTAIRE SANTE : Regardez dans votre contrat selon la formule que vous avez choisit et les conditions générales , ce qui est prévu pour la prise en charge d'une perruque , une aide à domicile . Nous ignorons souvent le contenu de nos garanties

https://www.aide.social.fr

LA PREVOYANCE : Si vous avez opter pour un contrat qui prévoit , regardez vos garanties , avec la souscription de l'option en cas d'arrêt de travail , vous pouvez obtenir des indemnités complémentaires à vos IJ , selon un montant défini , une durée de franchise

HABITATION : Dans votre contrat , il peut être prévu , une clause , relative à l'assistance en cas d'hospitalisation (aide ménagère , aux devoirs …)

EMPRUNTEUR - CREDITS : Consultez votre contrat , surtout dans un crédit immobilier , vous avez choisi des options qui peuvent prendre en charge une partie , voir la totalité de votre mensualité

-IT / Incapacité de Travail : IPP (Partiel) IPT (Totale)
-Invalidité

Comment la ligue du cancer peut m'aider en cas de soucis financier ?

Les secours financiers peuvent être alloués pour venir en aide :
quand la maladie entraîne des frais supplémentaires (aide-ménagère, frais médicaux non pris en charge, déplacement hébergement de proches venus vous soutenir, etc.) ;
quand l'absence suffisante de ressources met en péril votre vie quotidienne (prise en charge ponctuelle de factures (EDF loyer, etc.), aide alimentaire exceptionnelle ;
quand vos projets de vie doivent être soutenus dans un objectif de reconstruction (vacances, bourses jeunes malades, professionnel, etc.).

Les aides financières accordées par la Ligue ont un caractère ponctuel et sont complémentaires des dispositifs d'aide sociale de droit commun. Les personnes aidées résident dans le département où est situé le comité de la Ligue sollicité.

Aide financière pour la vie quotidienne dans 57,3 % des cas : aide alimentaire, aide au loyer, énergie.
Aide financière liée à la maladie dans 19 % des cas : prothèses et appareillages dentaires, frais non remboursé.
Aide humaine dans 19,6 % des cas : aide à domicile, TISF, garde.
Aide à la construction d'un projet de vie dans 3,1 % des cas : installation, aménagement de logement.
Le montant moyen accordé par demande est de 449 €.

Qu'est ce que le droit à l'oubli dans l'assurance emprunteur ?

Le droit à l'oubli est l'absence d'obligation de déclarer à l'assureur une pathologie.

Actuellement, les délais sont les suivants :
lorsque le cancer a été diagnostiqué avant 21 ans, le droit à l'oubli s'applique 5 ans à compter de la fin du protocole thérapeutique ;
lorsque le cancer a été diagnostiqué après 21 ans, le droit à l'oubli s'applique 10 ans à compter de la fin du protocole thérapeutique.
Dorénavant, le droit à l'oubli sera fixé à 5 ans pour tous les cancers et l'hépatite C et il n'y aura plus de distinction selon l'âge auquel le cancer a été diagnostiqué.
La mesure s'appuie également sur le processus conventionnel AERAS (s'assurer et emprunter avec un risque aggravé de santé).

Elle confie aux signataires de la convention :
la charge de négocier une possible extension du droit à l'oubli pour des pathologies autres que cancéreuses ;
un accès élargi à la grille de référence (qui interdit ou encadre, selon les pathologies, les surprimes et les exclusions de garanties du contrat) pour plus de pathologies non cancéreuses ;
une hausse du plafond d'emprunt (320 000 euros actuellement) pour accéder à l'ensemble du dispositif AERAS.

Comment puis je organiser mon retour et mon maintien à domicile après une hospitalisation ?

Pour organiser votre quotidien à votre retour à domicile et assurer une bonne continuité entre votre prise en charge hospitalière et votre retour à domicile ou pour organiser votre quotidien en restant à votre domicile, le service social peut vous aider à trouver la solution la plus adaptée à vos besoins. Il existe plusieurs services d'aide à domicile : l'aide ménagère ou l'aide à domicile, l'auxiliaire de vie sociale qui assure certaines tâches de la vie quotidienne ou encore la technicienne de l'intervention sociale familiale dite travailleuse familiale qui peut s'occuper de vos enfants. Généralement, ces services sont payants mais il existe plusieurs dispositifs afin de les financer. N'hésitez pas à contacter le service social de l'établissement de santé dans lequel vous être pris(e) en charge pour une étude de votre situation et de vos droits.

Un seuil à 200.000 euros
En outre, le texte adopté comporte une autre mesure avec la suppression de la transmission à l'assureur de toute information relative à l'état de santé de l'assuré ou d'un examen de santé pour les prêts dont la part assurée par personne est inférieure à 200 000 euros et dont l'échéance arrive avant le 60e anniversaire de l'assuré.

Ou puis je trouver des conseils en alimentation pour compenser les effets secondaires de mes traitements ?

Vous faites face à des effets secondaires (douleurs articulaires, perte et prise de poids , dysphasie , troubles digestifs , problèmes de peau , diarrhée , fatigue)

Tout savoir ,sur le site ci -dessous vous trouverez : Recettes , une liste d'épices et de plantes pour compenser les effets , des trucs et astuces culinaires

https://www.aidecancer68.fr/vite-fait-bienfaits

Ou puis je trouver des renseignements , si je suis en stress ?

L'espace ERI organisé par la ligue contre le cancer , est accessible sans rendez vous . L'accompagnateur santé , vous propose des supports d'informations , des aides possibles : psychologique , social, juridique, esthétique ... des coordonnées d'assocaitions , des groupes de paroles , un espace de détente .

Il est ouvert LUNDI - VENDREDI / de 9h à 13h30
MARDI - JEUDI / DE 13H à 17h

Un numéro de la ligue , vous a été remis lors de votre consultation avec l'infirmière d'oncologie en cas de besoin

Existe t'il des applications pour améliorer mon parcours de soins et faciliter les échanges avec vos soignants ?

CUREETY , permet de
-partager mes effets secondaires avec mes soignants
-bénéficier de conseils sur mesure pour gérer les effets secondaires
-améliorer et faciliter mes consultations
-profiter de contenus et soins de supports
-conserver mes documents médicaux

Il faut voir avec votre médecin pour qu'l vous donne accès aux informations de ce site

Existe t'il une application d'ENTRAIDE ?

L'application RoseApp , permet de faciliter la communication , organiser l'entraide entre les malades , l'entourage familial et amical

Ou puis je acheter turban , franges , bonnet , foulard ?

Vous pouvez obtenir gratuitement auprès du service ERI (Espace Rencontre Information) présent à l'hôpital , 2 bonnets de chimiothérapie confectionné par des bénévoles d'Octobre Rose ou après de la Socio-Esthéticienne . Vous pourrez également au service ERI , testez des franges , perruques et obtenir une liste de salon ou perruquier conventionné par votre région . Une prise en charge est prévu , je vous ai mis les infos dans le lien PANIER .

Je vous partage , deux adresses de sites sympa pour passer une commande complémentaire :

https://www.lesfrangynes.com

Ou puis je acheter une perruque de qualité sans me ruiner ?

Il existe la bourse aux perruques sur le site

https://www.solidariteperruques.fr

Comment être bien informé et armé contre le cancer ?

RoseUp en partenariat avec la fondation ARC publie des livrets pour améliorer la qualité de vie des patients , de leurs proches , pendant et après les traitements
-Vaincre la fatigue
-Retravailler après un cancer
-Aider les proches aidants
-Apaiser les douleurs du cancer
-Devenir parent après un cancer
-Préserver sa sexulaité
-Bougez
A table

https://www.fondation-arc.org

ECLOSION

Programme personnalisé de l'Après cancer :

Vous venez d'apprendre que vous êtes en rémission quasi complète et que vous allez rentrer dans le programme PPAC

Vous aurez un entretien de 1h30 avec une infirmière de coordination , pour échanger et voir pour choisir les programmes qui correspondent à vos besoins , au travers de questions et d'évaluations de 0 à 10 (sur le modèle de la roue de la vie) , sur les points suivants :

- ALIMENTATION : une diététicienne pourra vous proposer   un bilan nutritionnel et un accompagnement pour retrouver la forme .

  Certains ateliers culinaires sont proposés par la LIGUE contre le cancer en collectif .

- MORALE : possibilité de voir un Psychologue

- FORME PHYSIQUE : une liste d'organisme proposant des Activités Physiques Adaptées (APA) vous sera proposée , avec le nom des personnes à contacter . Il vous sera demandé , de faire un test d'effort chez un cardiologue , selon l'option choisi . Votre oncologue , vous aura remis une ordonnance , à cet effet , ainsi que des préconisations .... Il y aura une prise de sang à faire 3 mois après la fin du traitement de chimiothérapie et un PET SCAN , pour s'assurer , que la tumeur ne s'est pas développée dans une autre zone du corps . Il s'agit d'un contrôle de routine .

Le test d'effort , va permettre au médecin ré éducateur d'établir le programme , que le professeur APA pourra adapter selon vos capacités .L'objectif est de retrouver progressivement la forme , vous encourager à reprendre une activité physique .

En pratique : 24 séances à raisons de 2 par semaines avec
-le réentrainement à l'effort
-l'endurance et le renforcement musculaire
-la marche nordique

Au pôle motricité de l'hôpital ou dans un centre de rééducation fonctionnel

Dans certaines régions , vous pouvez trouver le programme PEP' C , CAP'FORME , SENOBOX , PRESCRIMOUV ... Il existe aussi des associations de bénévoles , qui ont été atteintes du cancer et qui proposent des activités . Il existe aussi des structures dans les associations d'octobre Rose et der la LIGUE contre le cancer .

Certaines de ses APA sont financées , d'autres sont payantes , certaines peunvent être prises en charge par votre complémentaire santé , comme PRECRI'MOUV

- VIE PROFESSIONNELLE : pour reprendre sereinement le travail , selon le cas , voir pour faire une demande de RQTH , une visite de pré -reprise à la médecine du travail , discuter d'une éventuelle reprise en mi temps thérapeutique avec votre médecin traitant ... Vous pouvez aussi être dirigé vers une assistante sociale de la LIGUE DU cancer ...

- ADICTIONS - ALCOOL- TABAC ... : vous pouvez être dirigé vers un interlocuteur , une association répondant à vos besoins

- LA MEMOIRE : vous pouvez vous inscrire à ONCOGITE , faire des jeux : SUDOKU , mots fléchées ....

- LA VIE INTIME : vous pouvez solliciter , de rencontrer un sexologue ou un - une infirmière spécialisé de la sexualité , qui pourra   répondre à vos questions relatives aux douleurs après les traitements utérins , la rééducation périnéale .

La Cure thermale Post cancer

La cure thermale est une alternative naturelle et douce , sans effet de secondaire qui utilise les bienfaits des minéraux et des oligo- éléments , pour apaiser les pathologies gynécologiques , à travers des soins aux vertus :

- Apaisante , antalgique, calmante, cicatrisante, régénératrice, anti -inflammatoire et anti spasmodique

Elle dure 3 semaines dont 18 jours de soins .

Vous pouvez bénéficier d'une prise en charge par l'assurance maladie , avec l'accord de votre médecin traitant que devra compéter un questionnaire cerfa 11139*03 qu'il faut envoyer à la caisse primaire d'assurance maladie pour accord . Vous pouvez télécharger ce formulaire , sur le site : formulaires-service-publique.fr .

Les honoraires médicaux et le forfait thermal est pris en charge , par l'assurance maladie (l'accord est valable pour 18 jours) , par contre selon vos ressources , le transport et l'hébergement restent à votre charge .
Vous trouverez les 10 sites conventionnés pour ses pathologies , sur : chainethermale.fr

Les centres sont fermés à certaines périodes pouvant aller de novembre à février , vous pouvez retrouver les dates sur : officiel-thermalisme.com . Il n'est pas toujours évident de trouver un hébergement selon les dates du centre thermale , et de prévoir les dates en attendant l'accord de la Caisse primaire d'assurance maladie . Il reste l'option camping , victime parfois de son succès .

Les cures GYN (gynécologiques) proposent des soins qui seront définis par le médecin de la cure à savoir qu'il est proposé :

- des bains
- des bains avec douches sous marines
- douches avec jets
- des massages sous l'eau
- bain avec irrigation localisé
- irrigations et pulvérisations vaginales
- cataplasmes de boue thermale
- des compresses d'eau thermale vulvaire

Il existe d'autre cure pour soulager les douleurs : DOS-CERVICALE ... Rhumatologique pour réparer votre peau , améliorer la cicatrisation ...

LA CHAINE THERMALE DU SOLEIL

Intimité

Il est important d'en parler et de renouer avec son corps , sa sexualité .

es traitements longs , pas facile de se réconcilier avec soi et son corps , surtout quand des changements physiques , tel qu
cie (perte des cheveux) ... sont venu perturber ?encore plus votre estime de soi . L'intimité avec son partenaire , c'est pas
toujours facile à aborder .

ynécologue , peut vous proposer de muscler votre périnée avec un sex -toys et limiter les fuites urinaires . La reprise
pport peut être douloureuse , après des mois de désir en berne , à cause de la fatigue , des traitements , la peur de
tamination , sans compter la sécheresse vaginale . Il va falloir envisager , de changer et voir sa sexualité sous un
autre angle , (massage érotique , lubrifiant ...) , pour réveiller sa libido .
Vous pouvez aussi préférer un stimulateur clitoridien , un Womanizer ... un bullet vibe .

existe aussi , des dilatateurs vaginaux vendus en pharmacie , qui aident à maintenir souple la cavité vaginale et
limitent le risque de sténose . Le prix est de 40 à 100 euros , non remboursable par la Sécurité Sociale .

ttez vous dans l'ambiance cocconing „Les préliminaires et oui c'est important pour les femmes : musique, bougies ,
mots doux .... il est temps de se réconcilier avec son féminin sacré , notre Déesse

IDEES SHOPPING - ROSE-UP

-Coffret : LES ELLES DU PLAISIR simulateur clitoridien en forme de rose , quelques accessoires : espaceplaisir.fr
-Le BULLET VIPE ROMP RIOT : sur demonia.com (vibro petit calibre à piles)
-OKI DE BLACK EDITION : Rabbit en silicone waterproof / Passagedudésir.fr
-JIVE 2 DE WE-VIBE : high tech , déclenchable à distance via une application / we-vibe.com

Sexualité et chirurgie du cancer de l'utérus

L'intervention chirurgicale pour traiter le cancer de l'utérus ne permet pas de maintenir une vie sexuelle , tant que la
cicatrisation complète n'est pas obtenue. Celle-ci peut intervenir après une période variant de 1 à 2 mois, selon le type
d'opération réalisée et les techniques utilisées.
ces conditions, il faut attendre ,l'avis favorable du chirurgien gynécologue avant de renouer avec sa vie sexuelle ,de façon
à ne pas compromettre le processus de cicatrisation.

n cas d'ablation de l'utérus, la libido n'est pas directement impactée, car les ovaires ne sont pas retirés et continuent de
fonctionner chez les patientes non ménopausées. SI le chirurgien décide de les retirer (notamment chez les femmes
énopausées), cela n'aura pas d'impact très significatif, car la ménopause a déjà induit le ralentissement de la production
monale. En cas d'ablation des ovaires ou de perturbations hormonales, un traitement hormonal peut être administré pour
aider les femmes à retrouver leur désir sexuel.
ertains traitements locaux (comme la chirurgie ou la radiothérapie) peuvent entraîner la formation de tissu cicatriciel
dant sensible ou douloureuse la zone traitée. Le vagin peut se trouver modifier tant en souplesse qu'en volume. Ces effets
ondaires sont généralement transitoires, mais ils doivent faire l'objet d'un suivi après-cancer et, si besoin, d'un traitement
adapté.

PETITE FLEUR

LA RÉSILIENCE

Boris Cyrulnik , a vulgarisé dans les années 1990 ce terme qui désigne la capacité du corps , un organisme à surmonter une altération de son environnement . Elle est à l'image de cet art japonais , du Kintsugi qui souligne les cassures d'un objet avec de l'or , comme une métaphore de la résilience .

Un individu qui a vécu un traumatisme suite à une menace de son intégrité physique ou psychique , subit une " déchirure" que la résilience va en quelque sorte raccommoder . " La blessure " existe bien , mais notre inconscient va absorber cette douleur ,pour nous aider à surmonter cet évènement . Notre mécanisme de survie va s'adapter et former une " sorte de carapace " .

Boris CYRULNIK a vécu dans son enfance , un traumatisme durant la 2e guerre mondial . Né en 1937 , de parents juifs polonais , il est confié en 1942 , à l'assistance publique par sa mère pour le protéger , son père s'étant engagé dans la légion française . Son institutrice Marguerite Farbes , l'accueil et le cache , jusqu'à ce qu'elle soit dénoncée en 1944 et que l'armée allemande vienne chercher en pleine nuit Boris .Il est fait prisonnier dans une synagogue à Bordeaux . Les juifs étaient rassemblés dans ce lieu, pour être envoyé dans les camps de la mort . BC est âgé de 6 ans à ce moment là , il prend la fuite . Il passera ensuite de familles d'accueil en institutions , pour enfin être élevé par sa tante à Paris . Ses 2 parents ont été déporté et sont morts à Auschwitz . Dès l'âge de 10-11 ans , sont projet sera de devenir psychiatre . Il atteindra son objectif des années plus tard et se fera connaitre par ses livres , ses interventions dans les médias .

LES FACTEURS DE LA RESILIENCE

- La force vitale : présente dès la naissance , qui puise ses forces dans l'amour inconditionnel de ses proches
- Le tuteur de la résilience : personne qui sera une accroche affectif pour aider à grandir , le moment venu
- Le remaniement du passé : en donnant de la cohérence au souvenir afin de le rendre supportable , pour garder l'espoir et une raison de vivre .

Boris Cyrulnik utilisera l'humour , la dérision et l'insoumission (force de désobéir) pour lui permettre de prendre du recul , s'affranchir du désespoir et de rebondir .

Ma vision de la résilience est représentée sous la forme d'une fleur qui pousse dans un pot , qui pour grandir et s'épanouir a besoin de :

- <u>Racines solides</u> : formées durant l'enfance ,dans un terreau fertile (issu de l'amour inconditionnel d'un ou de plusieurs proches) qui permettent de forger <u>la confiance en soi</u> (1er pas , 1er mots …) et donc la force vitale .

- <u>Feuilles et une tige solide</u> : une fois les racines bien implantées , enrichies par l'éducation , les moments de joie de l'enfance , mais aussi des chutes , où l'on a appris à se relever . Notre tige , symbole de l'adolescence , de la découverte des aléas de la vie , va se former pour encaisser et traverser les épreuves de la vie . Avec l'aide d'un " tuteur " , une personne qui nous " porte " , nous réconforte , cela va nous permettre de faire pousser "des feuilles " , symbole de <u>l'estime de soi</u> . Nous allons dans certains cas mettre en place , des moyens pour résister , comme des " épines " sur une rose .

- <u>Une fleur</u> : Une fois les fondations , de bonnes conditions de vie , d'engrais (expériences professionnelles et familiales enrichissantes , d'épanouissement personnel : voyages , rencontres , réussites , victoires …) , notre fleur s'ouvre pour " <u>la réalisation de soi</u> " (remaniement du passé évoqué par la résilience)

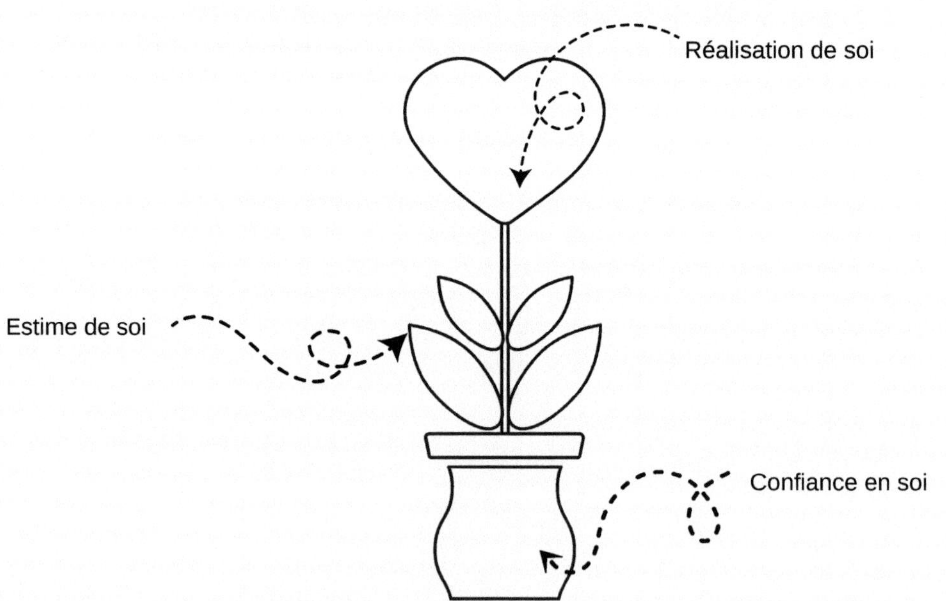

Les épreuves de la vie ébranlent souvent la confiance et l'estime de soi . face parfois à des traumatismes plus ou moins violent . Il est important dans ce cas . d'avoir des bases solides . de continuer à travailler à l'âge adulte . sur l'écoute de ses émotions et de prendre du temps pour soi .

Pour cela . nous devons provoquer " des shots d'endorphines " . ses hormones de bien être . pour faire éclore et entretenir notre fleur . Avec le cancer . nous réapprenons à puiser dans " nos racines " et nos "feuilles " . Puis .nous faisons face à des traitements qui nous affaiblissent physiquement et moralement (les douleurs . faiblesse du corps . perte de cheveux . l'ablation d'un organe ...)

Avec la méthode MAIDAY . cela m'a permis de ne pas plier et d'accepter les aides extérieurs . quand j'en avais besoins . En mettant en place des rituels . en répétant des affirmations positives . en apprenant à gérer ses émotions ... nous permettons à notre mental et notre corps . de se reconstruire, se réinventer et forger notre résilience . Pour retrouver la santé du corps . cela nécessite de soigner aussi le mental et l'esprit . Comme . l'a observé les Rishis . il y a plus de 5000 ans . la force du corps vient de sa capacité à équilibrer les 3 axes CORPS - ESPRIT- MENTAL . décrit en Ayurveda .

Des écrits . des recherches . des parcours de vie ... ont démontré que le mental était un allié précieux pour survivre . Je pense à ses survivants des camps de la mort . qui ont fait face à la famine . à la maladie . aux horreurs ... et qui ont pu tenir face à la faiblesse de leur corps .avec la puissance de leur mental . Dans la religion catholique . dans la bible . il est écrit que l'on peut " déplacer des montagnes " avec notre force mentale .Dans toutes les civilisations . les religions et idéologies ... Il est fait référence à notre force intérieur . Les chinois utilisent des techniques pour rééquilibrer les Energies du YIN et le YANG . en Indes on parle des DOSHAS . des SHAKRAS . Vous trouverez sans doute d'autres exemples qui font référence à cette force en nous . pour nous adapter aux aléas de la vie .
La nature est d'ailleurs un bel exemple d'adaptation .face aux changements et développe des formes de résistance.

Je ne peux prouver que le mental aide à la guérison .Des études montrent et prouvent de plus en plus que d' agir que sur le corps malade . par la force du mental conduit inévitablement à la guérison . Je vous donne quelques pistes de réflexions et d'études à consulter . si vous voulez aller plus loin

- En 1990 . le projet Génome lancé aux Etats Unis
- L'épigénétique qui trouve une partie de son origine à Aristote
- En 2008 . étude de Dean Ornisch sur le cancer de la prostate
- En 2003 . dans un article du Journal of Personnality and social Psychology . sur les bienfaits de la gratitude
- En 2013 . étude publié dans le JAMA . sur les bienfaits du bénévolat
- Les études sur les effets placebo
- En 1987 . article dans le British médical Journal . par le Dr Bruce Thomas sur l'efficacité d'une consultation médicale empathique et positive

Le mental se travaille comme un muscle à force d'entrainement .

" La guerison n'est pas seulement un processus physique , c'est aussi un voyage profondement sptirituel "

Carl Jung

" La guerison commence lorsque nous trouvons le courage d'affronter nos propres blessures intérieurs "

F Scott Fitzgerald

PLANTER DE NOUVELLES GRAINES

Faire germer d'autres fleurs

Je vous propose pour terminer mon CAHIER de SECOURS , d'établir et entretenir votre jardin . Après le cancer , vous allez entamer le processus de reconstruction et préserver ses enseignement , je le souhaite avec cette méthode MAIDAY .

Dans les épreuves , avec l'âge et l'expérience ,vous allez mettre en place des moyens pour vivre dans l'instant présent . La pleine conscience , la méditation , le développement personnel … sont des alliés précieux pour comprendre ce fameux CARPE DIEM . Nous pensons ne pas en être capable , nous passons par des états d'euphorie et à la dépression ,sans avoir de contrôle . Pour ne pas baisser les bras , abandonner , il ne faut pas oublier de visualiser votre chemin de vie . Nous avons toutes en nous ,un talent , une compétence utile pour les autres . L'iKIGAI vous aura peut être aidé à le retrouver .

Vous avez eu le cancer , perdu votre travail , un compagnon … certes , ce sont des moments difficiles , mais vous pouvez , vous relever plus fort qu'avant.

- si vous avez cernés vos faiblesses , mais surtout vos forces , à travers les outils du développement personnel .
- si vous avez mis en place de nouveaux rituels bien être (méditation , pleine conscience , marche , asanas …) , pour prendre du temps pour vous , à faire le tri aussi bien chez vous qu'avec votre entourage , Mais , aussi pris le temps de comprendre qu'en se réorganisant , en voyant les choses sous un autre angle , en boostant votre mental avec des affirmations positives ou des mantras , à poser des intentions , à gérer vos émotions et les exprimer , avec l'art thérapie , à préserver votre féminin sacré , à agir selon les bases de l"Ayurveda .

Vous constaterez que vous avait le pouvoir d' agir à la fois sur votre corps , votre mental et votreesprit …pour accéder à la résilience et devenir la meilleure version de vous même .

Vous avez toutes les pistes de réflexions , les outils , les conseils , des infos utiles et des liens … pour comme moi , je vous le souhaite explorer votre beauté intérieur , et faire fleurir de nouvelles fleurs .

A présent : regarder , évaluer tout ce que vous avez accompli sur ma page : journal de Gratitude et remplir votre page PLANTER DE NOUVELLES GRAINES afin de continuer à cultiver votre beau jardin .

Je terminerais par cette citation :

" La seule personne que vous êtes destiné à devenir est la personne que vous décidez d'être "

Ralph Waldo Emerson

Journal de gratitude

BUCKET LIST
PLANTER DE NOUVELLES GRAINES

POUR ALLER PLUS LOIN

Je vous liste ci dessous des livres pour aller encore plus loin dans la connaissance de soi et des préceptes évoqués dans mon Manuel DE SECOURS - MAIDAY

- Conseils et pratique des simples -MARIA TREBEN - EDITEUR WILLHELM ENNSTHALLER - STERN

- Je développe mon Intelligence Emotionnel - LUCILLE QUILLET - Poche LEDUC

- Soyez vous même - tous les autres sont déjà pris - GILLES AZZOPARDI -édition J 'AI LU

- Ne vous n'oyez pas dans un verre d'eau - KRISTINE CARLSON - édition J'AI LU

- 50 exercices pour apprendre à méditer - GERALDYNE PREVOT - GIGANT - éditions EYROLLES

- Les 50 règles d'or de la naturopathie - MARION THELLIEZ - LAROUSSE

- 50 exercices d'Analyse Transactionnelle - HELENE DEJEAN et CATHERINE FRUGIER -Editions EYROLLES

- Chemins de la reconnexion - ALAIN LANCELOT -Editions TREDANIEL

- Comment se psychanalyser soi même -A.ROBERTI - Edition DE VECCHI

- Les sorcières vertes - ANN MOURA - Editions DANAE

- Mon coach Ayurvéda - SAMUEL GANES - éditions EYROLLES

est né le 22/05/2024 , le jour de l'annonce d'un cancer du col de l'utérus de stade 2 , avec la présence d'une tumeur de 5 cm , après le choc , la colère a fait ressurgir des traumatismes du passé , rendant ce diagnostic intolérable .Je pensais avoir fermer ses cicatrices , pour les rendre invisibles ,et bien , je me trompais , les mots enfouis , ce sont transformés en maux .

De là , à germer une méthode issue de mon parcours personnel , mon voyage en Indes en 2018 , qui m'ont conduit à m'intéresser à la médecine holistique et à me former pour en comprendre les enseignements .

Dans ce manuel de secours , je vous partage , des outils , des méthodes ... issus de ses préceptes et qui m'ont accompagné , durant mon parcours de soins . C'est ainsi , que j'ai pu tenir émotionnellement pour arriver à vivre avec et contre mon cancer .

MON MANUEL DE SECOURS

Il est destiné à vous ouvrir vers le chemin des possibles , à travers une méthode, qui permet d'agir selon 3 axes : corps , esprit , mental . qui sont la base de ses concepts ancestraux , avec :
- des fiches explicatifs des principes de base
- des supports de réflexions
- des propositions d' exercices ...

Vous trouverez également ,
- des informations sur le cancer du col utérin
- des " kits bien être ,
- des renseignements utiles

qui pourront vous suivre tout au long de ce chemin vers la rémission .

QUI SUIS JE ?

Coach en développement personnel ,voyageuse de la connaissance de soi , pour comprendre et devenir la meilleure version de soi même .

A 54 ans , titulaire d'une licence en génie des procédés , d'une certification de coach en développement personnel . Je me suis formée aux bases de la naturopathie (nutrition , aromathérapie, fleurs de Bach ...) , à l'utilisation des simples , à l'Ayurveda , l'art thérapie et la psycho -généalogie .

J'ai été auto entrepreneuse durant 2 ans , dans le bien être, pour accompagner des femmes , sur le chemin de soi .

Je fais de la méditation depuis 7 ans et j'ai effectué une retraite de pleine conscience .

Toutes ses connaissances me permettent , aujourd'hui , de donner du sens à ce manuel .

© 2025 Emma Legay - Quint

Édition : BoD · Books on Demand, 31 avenue Saint-Rémy, 57600 Forbach, bod@bod.fr

Impression : Libri Plureos GmbH, Friedensallee 273, 22763 Hamburg (Allemagne)

ISBN : 978-2-3225-5468-3

Dépôt légal : Mars 2025